배당주로
월 500만원
따박따박 받는 법

배당주로 월 500만 원 따박따박 받는 법

초판1쇄 발행 2023년 9월 29일
초판9쇄 발행 2024년 7월 22일

지 은 이 김수현 (아린)

발 행 처 잇 콘
발 행 인 신동익
편 집 임효진, 홍민지
디 자 인 페이퍼컷 장상호
출판등록 2019년 2월 7일 제25100-2019-000022호
주 소 경기도 용인시 기흥구 동백중앙로 191
팩 스 02-6919-1886

ISBN 979-11-90877-74-9 03320
값 18,000원

배당주로
월月 500만원
따박따박 받는 법
김수현(아린) 지음
잇콘

머리말

현금이 따박따박 통장에 꽂히는 즐거움

나는 '아린'이라는 필명을 쓰고 있는 전업주부이자 투자자다. 절약과 재테크를 위한 모임 '부릿지(부자로 가는 다리)'를 4년 정도 운영하고 있다. 본격적으로 시작하기 전에 나에 대한 이야기를 조금 해보려고 한다. 그래야 부동산과 주식으로 시세차익 투자만 하던 내가 어쩌다 '배당금으로 월 500만 원 만들기' 프로젝트를 시작하게 되었는지, 배당주 투자란 무엇이고 어떤 사람에게 적합한지를 설명하기 좋을 것 같다.

처음에는 절약으로 돈을 모으기 시작했다. 그때는 할 수 있는 게 절약밖에 없었기 때문이다. 결혼할 때부터 남편 혼자 돈을 버는 외벌이 가정인데다 사회초년생이던 남편의 월급은 235만 원밖에 되지 않았다. 그동안 모아둔 돈도 없고 양가 도움도 받을 수 없어서 신용대출을 받아 보증금 6,000만 원짜리 원룸에 반전세를 얻어 신혼살림을 시작했다. 남아있던 학자금대출 1,000만 원까지 더하면 마이너스 7,000만 원으로 시작한 셈이다.

악착같이 아끼고 모아서 월급의 절반을 저축했고 그렇게 1년 동안 만든 종잣돈은 1,300만 원 정도였다. 절대적인 금액으로는 그렇게 큰돈이 아니지만 소득이 적은 우리 가정으로서는 엄청난 노력의 결과였다. 이 소중한 종잣돈으로 처음에는 부동산 투자를 시작했고, 부동산 규제가 심해지면서부터는 주식 투자를 시작했다. 때마침 닥친 코로나19 팬데믹으로 주식 시장이 폭락하면서 부지런히 주식을 사둔 덕분에 꽤 괜찮은 수익을 올릴 수 있었다.

내가 처음 부동산 투자를 시작했을 때는 1,000만 원으로 투자 가능한 소액 부동산이 많았고, 엄청난 상승기를 맞이했으며, 주식으로 시선을 옮겼던 2020년부터는 주식 시장이 대세상승을 맞이하고 있었다. 지금 돌아보면 흐름을 잘 타는 게 돈을 버는 가장 좋은 방법이고, 기회가 왔을 때 잡기 위해 평소에 꾸준히 공부해둔 것이 참 잘한 일이라는 생각이 든다.

이런 나의 이야기는 2021년에 펴낸 첫 번째 책 『부자로 가는 다리, 부릿지』에 자세히 담겨있다. 이번 책에서는 최근 대중의 관심을 받고 있는 배당주 투자를 어떻게 시작하게 되었는지에 대해 좀 더 이야기해보려고 한다.

자산이 많은 것 vs 쓸 돈이 많은 것

반전세 원룸에서 신혼생활을 시작한 우리는 재테크를 시작한 지 7년 정도가 지난 시점에 순자산 13억 원을 돌파했다. 이때 순자산이란 부채나 세금을 제외하고, 그야말로 순수하게 내 손에 남는 금액만 계산한 것이다. 나는 부동산 시세를 따질 때도 호가가 아닌 실제 거래가를 기준으로 매우 보수적으로 계산하는 편이다. 그렇지 않으면 시장 분위기가 나빠져서 시세가 하락할 때 자산이 쪼그라드는 것처럼 느껴지기 때문이다.

7년 만에 순자산 13억 원을 달성한 것은 나쁘지 않은 성과지만 나는 여전히 부족함을 느끼고 있었다. 매월 고정적인 현금흐름이 있으면 좋겠다는 생각이 자꾸만 들었다. 자산의 대부분은 부동산이나 주식에 들어있기 때문에 처분하기 전까지는 실제로 쓸 수 있는 돈이 아니다. 차도 생기고 집도 좋아졌지만 우리 가족의 생활비는 7년 전이나 지금이나 여전히 남편 월급의 절반 수준에서 크게 변하지 않았다. 그 사이에 월급이 늘긴 했지만 여전히 넉넉한 수준은 아니었고 아이가 자라면서 교육비도 늘어날 것이 분명했다.

노후준비에 대한 고민도 구체적으로 하기 시작했다. 자산이 많은 것과 쓸 수 있는 돈이 많은 것은 전혀 다른 차원의 문제 아닐까? 돈이 필요할 때마다 주식이나 부동산을 팔아야 한다면 너무 번거롭기도 하고, 필요한 시기에 딱 맞춰 원하는 가격에 파는 것도 현실적으로 어렵다.

게다가 직장생활에 시달리는 남편을 고생시키는 것도 미안하다. 매달 꼬박꼬박 현금흐름이 나올 수만 있다면 조기은퇴도 꿈꿔볼 수 있다. 내 주변에도 비슷한 생각을 하고 계신 분들이 많은 것 같다. 특히 자산의 상당 부분이 부동산에 묶여 있거나, 대출이자 부담을 크게 느끼거나, 은퇴가 얼마 남지 않아 새로운 현금흐름을 창출해야 하는 분들은 더욱 그랬다.

그래서 관심을 갖게 된 것이 바로 배당주였다. 주식을 사놓기만 하면 통장에 꼬박꼬박 현금이 들어온다니 너무 매력적이라고 생각했다. 게다가 당시 주식 시장 분위기도 뭔가 심상치 않았다. 여전히 활황이긴 했지만 그런 분위기가 언제까지 갈지 알 수 없고 상식적으로 생각해 봐도 저금리 시대가 영원히 계속될 수는 없다. 금리가 오르기 시작하면 시장에는 유동성이 줄어들 것이다. 그러면 시세차익을 노리는 주식 투자는 어려워지게 될 것이다. 이 생각으로 2021년부터 본격적으로 배당주를 공부하기 시작했다.

아니나 다를까 국내 증시는 2021년 하반기부터 조정이 시작되었다. 2022년이 되자 금리가 오르기 시작했고 주식 시장은 국내외 할 것 없이 전반적으로 조정에 들어갔다. 금리가 오르면서 이자 부담이 커지고 물가도 덩달아 오르면서 생활비가 늘어나니 여기저기서 한숨과 비명이 들려오기 시작했다.

이럴 때 오히려 호재를 맞는 분야가 바로 이 책에서 다루려는 배당주 투자다. 증시가 좋지 않은 상황이 배당주 투자에 호재가 되는 이유는 주가가 떨어진다고 해서 배당금도 줄어드는 건 아니기 때문이다. 배당금은 같은데 주가가 떨어지면 반대로 배당수익률은 높아지고, 그만큼 매력적인 투자처가 된다.

그렇다면 증시가 다시 살아날 경우 배당주 투자는 매력이 없어지는 걸까? 전혀 그렇지 않다. 오히려 더 좋다. 배당주도 주식이기 때문에 대세상승기라면 주가가 같이 오르기 때문이다. 배당금을 받을 생각으로 사둔 종목이지만 쌀 때 잘 사둔 덕분에 시세차익까지 누릴 수 있게 된다. 다만 이때 중요한 것은 오래 보유해도 될 만큼 좋은 종목 중에서 배당수익률도 좋은 종목을 꾸준히 사 모아야 한다는 것이다.

배당주를 공부하면 할수록 참 시기적절하게 포지션을 잘 바꿨다고 생각하게 된다. 어쩌면 이 책을 읽게 될 독자 여러분도 깜짝깜짝 놀라실지 모른다. '아니, 이런 게 있었다니! 왜 이제야 알았을까?'하고 말이다. 나 역시 그랬다. 열심히 잘 세팅해둔 배당주 덕분에 통장에 꼬박꼬박 현금이 꽂히고, 그 덕분에 생활이 좀 더 윤택해졌음을 느낀다. 그때의 만족감이란 경험해본 사람만 알 수 있을 것이다.

실제 투자한 종목을 보여드립니다

배당주 투자를 하기로 마음을 먹었다면 가장 중요한 것은 바로 어떤 종목에 투자를 하느냐다. 하지만 많은 종목 중에서 좋은 것을 골라낸다는 건 쉽지 않은 일이다. 투자를 이제 막 시작한 초보라면 더더욱 그럴 것이다.

그래서인지 내 블로그에 배당주에 관련한 내용을 올리면 어떤 종목을 매수했는지 알려달라는 댓글이 많이 달린다. 나는 어떤 종목에 투자했는지 솔직하게 밝히는 편이기 때문에 이 책에도 내가 보유 중인 종목들이 다수 등장할 예정이다. 어려운 내용을 설명할 때 실제 사례만큼 생생하게 다가오는 것도 없기 때문이다.

한 가지 걱정되는 점은 독자분들이 종목 이름에만 집중하지 않을까 하는 것이다. 그보다는 왜 그 종목을 매수했는지에 집중했으면 좋겠다. 이러저러한 이유로 이 종목을 매수했다고 자신 있게 설명할 수 있지만, 사람마다 상황이 다르기 때문에 그 종목이 본인에게는 맞지 않을 수 있다. 결과보다는 과정에 집중해서 살펴보고, 나의 노하우를 본인의 상황에 맞게 적용해서 자신만의 배당주 포트폴리오를 만들었으면 한다.

나의 포트폴리오를 궁금해하는 것이 이해는 된다. 하지만 직접 분석하고 종목을 골라보아야 한다. 그래야 조정이 올 때 흔들리지 않고 꾸준히 보유할 수 있고, 추가로 매수할지 리밸런싱을 할지 결정하면서 사후관리를 할 수 있다. 투자에 계속 관심을 가지고 공부하면서 흐름을 잘 타면 평생 꾸준히 돈을 벌 수 있을 것이다.

제1장

배당주 투자, 어떻게 시작할까요?

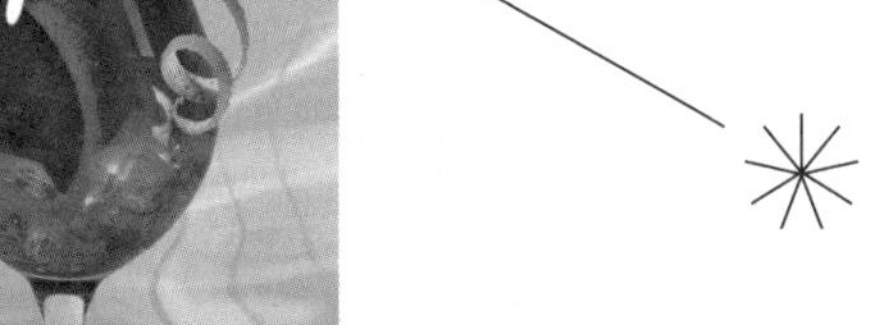

₩5,000,000 per month!

나는 어쩌다가
배당주 투자를 시작했을까

언젠가 블로그에 '현재까지 배당금으로 월 50만 원의 현금흐름을 만들었고 앞으로 월 500만 원까지 늘리는 게 목표'라는 내용의 포스팅을 올린 적이 있다. 그 글이 다른 커뮤니티에 공유되었는지 여기저기에서 많은 분이 찾아오고 있다. 경기가 나빠지면서 부동산이나 주식 투자로 시세차익을 얻기 어려워지자 배당주에 대한 관심이 높아지고 있다는 걸 실감했다.

나도 처음부터 배당주 투자에 집중했던 것은 아니었다. 전작 『부자로 가는 다리 부릿지』에 자세히 적었지만 나는 아끼고 아껴서 어렵게 모은 종잣돈 1,300만 원으로 처음에는 소액 부동산 투자를 시작했고 절약과 종잣돈 굴리기를 병행했다. 열심히 공부한 덕분에 기회를 잘 잡을 수 있었고 그렇게 7년 만에 순자산 13억 원을 넘길 수 있었다.

하지만 2019년 무렵부터는 부동산 시장이 전체적으로 너무 상승한데다 각종 규제가 많아졌다. 시세차익이 많이 났어도 세금을 내고 나면 남는 게 별로 없다 보니 다른 투자처를 찾을 때가 왔다는 생각이 들었다. 그래서 주식 투자로 관심을 옮기게 된 것이다.

처음에는 일반적인 주식 투자, 그러니까 쌀 때 매수해서 오르면 매도하는 시세차익 투자를 했다. 그런데 때마침 코로나19 팬데믹이 시작되면서 전 세계적으로 주가가 폭락했다. 실시간으로 시장을 지켜보던 나는 이것이 엄청난 기회라는 걸 직감했고 망설임 없이 과감한 투자를 진행할 수 있었다.

폭락했던 주가가 예상대로 빠르게 회복하면서 2021년 상반기까지 주식 수익은 꽤 좋았다. 덕분에 생애 첫 자동차도 구입하고 분양받은 새 아파트에 입주할 때 그동안 벼르고 있던 가전들도 모두 새것으로 장만했다. 나뿐만 아니라 당시에 흐름을 잘 타셨던 분들은 모두 행복한 시간을 보내셨을 거라 생각한다.

하지만 주식 시장에 대세상승기가 찾아온 것은 풍부해진 유동성 덕분이었다. 코로나19 팬데믹으로 경기가 위축되자 세계 각국은 경기를 부양하려고 공격적으로 금리를 인하하며 돈을 풀었고 그렇게 풍부해진 자금이 증시로 흘러들어오면서 주가가 크게 상승했던 것이다. 하지만 그 부작용으로 결국 인플레이션이 일어났다. 그렇다면 그 이후에는 풍부해진 유동성을 줄이기 위한 정책이 나올 수밖에 없다.

실제로 2022년 이후 미국을 비롯한 세계 각국은 금리를 인상하면서 긴축을 시작했다. 물가는 무섭게 치솟았고, 소비가 둔화되었으며 기업 실적이 나빠질 거라는 우려가 퍼지면서 증시에서는 자금이 빠져나가기 시작했다. 기나긴 조정장이 시작될 것이라는 생각이 들었다.

아주 조금의 현금흐름이라도 있었으면

이 책은 '배당주로 월 500만 원 만들기', 즉 배당주에 투자하여 월급과 같은 현금흐름을 만드는 것에 대한 이야기다. 요즘은 나뿐만 아니라 주변에서도 현금흐름 만들기에 대한 관심이 높아졌다는 걸 자주 느낀다.

부동산과 주식으로 시세차익을 얻으며 자산을 키우긴 했지만 매월 들어오는 현금흐름이 늘었으면 좋겠다는 고민은 오래전부터 해왔다. 실제로 내가 재테크를 시작하게 된 계기도 현금흐름을 만들고 싶어서였다. 앞서 밝혔듯이 우리는 소득이 많지 않은 외벌이 부부다. 한두 푼의 현금흐름에 목마를 수밖에 없었다.

그래서 재테크 초보 시절에는 소형아파트를 매입해서 월세를 받기 위해 시도해본 적이 있다. 1억 원 정도의 아파트를 매수해서 주택담보대출을 80%까지 받은 다음, 나머지 돈은 그동안 모아둔 종잣돈과 임차인의 보증금으로 채워 넣는 방식이다. 그러면 1,000만~2,000만 원의 적은 투자금으로도 월세가 나오는 주택을 보유할 수 있게 된다. 이런 식으로 낡은 소형아파트를 사서 보증금 2,500만 원에 월세를 40만 원 받도록 세팅했다. 싱크대 교체, 도배, 페인트칠은 물론 화장실까지 이른바 올수리를 해서 보증금을 좀 더 높게 받은 금액이었다.

그렇게 해서 받은 월세 40만 원이 고스란히 다 남는 것이냐? 그렇지 않다. 주택담보대출을 받아서 샀기 때문에 대출이자를 내고 나면 실제로 내가 갖는 돈은 16만 원밖에 안 됐다. 내 집에서 나오는 월세 수익을 나보다 은행이 더 많이 가져 가는 셈이다. 물론 그때는 한 달에 16만 원의 현금흐름이 더 생겼다는 것이 굉장히 크게 느껴졌다.

문제는 나중에 금리가 높아지면서 나한테 돌아오는 돈이 점점 줄어들었다는 점이다. 게다가 초반에는 원금거치기간이라 이자만 냈는데, 거치기간이 끝나고 원금도 함께 갚아야 하는 원리금상환 방식으로 전환되는 순간부터는 내 수중에 돈이 한 푼도 들어오지 않게 되었다. 원금을 상환하는 효과는 있지만 그토록 바라던 현금흐름은 끊어진 것이다.

그나마 다행이었던 건 그때가 부동산 대세상승기였다는 점이다. 그러니까, 현금흐름보다는 시세차익으로 얻는 수익이 훨씬 큰 시장이었던 것이다. 지역에 상관없이 모든 아파트값이 오르는 시기였기 때문에 원래라면 낡고 작아서 가격이 오르지 않았을 그 아파트도 나중에 매도했을 때 약간의 매도차익을 안겨주었다. 그 사실을 깨닫고 나서는 월세를 위한 투자 대신 전세 갭투자와 분양권 투자를 해야 할 시기라는 생각을 했다.

수도권, 지방 가릴 것 없이 갓난아기를 안고 뛰어다닌 덕분에 몇 년간 자산이 빠르게 늘어나기는 했다. 하지만 아파트 시세가 올랐다고 나에게 현금이 들어오는 건 아니다. 우리 가족이 남편의 월급으로만 생활해야 하는 것은 마찬가지였고 생활비가 빠듯한 상태는 계속되었다.

악착같이 모은 1,300만 원으로 재테크를 시작할 때는 '마흔 살이 되면 좀 여유롭게 살 수 있겠지' 하는 꿈이 있었다. 하지만 막상 마흔이 되어 보니 자산은 늘었어도 현금흐름은 남편 혼자 벌어오는 월급뿐인 상황은 마찬가지였다. 그러다 보니 어느 순간 '자산이 늘어나는 것도 좋지만 매월 들어오는 현금흐름이 좀 많았으면 좋겠다'는 생각이 들었다.

여러분도 '월급 말고 한 달에 ○○만 원이라도 더 들어왔으면 좋겠다'라는 생각을 하고 있지 않은가? 더도 말고 덜도 말고 지금보다 딱 50만 원만 더 들어오면 좋겠다는 사람들을 자주 만난다. 그 정도만 되어도 어디인가. 전업주부라면 파트타임 아르바이트로 벌 수 있는 돈과 비슷한 금액이고 직장인이라면 수당을 받으려고 한 달 내내 야근하지 않아도 되는 금액인데…. 그렇게 노동력과 시간을 갈아 넣지 않고도 생활의 여유를 찾을 수 있는 현금흐름이 생긴다면 그것만으로도 너무나 매력적이지 않나 싶다.

상가보다 수익률 좋은 배당주 투자

같은 이유로 한때 상가 투자에도 관심을 가졌다. 공부를 하다 보니 월세 받기에 더 좋은 것은 주택보다 상가라는 생각을 했기 때문이다. 당시는 저금리 시대였기 때문에 상가 월세 수익률이 주택에 비해 훨씬 좋았다.

그런데 월세가 웬만큼 나온다 싶은 상가는 당연히 매매가격도 비싸다. 내 바람은, 당장은 아니더라도 최종적으로 월 500만 원의 현금흐름은 만들고 싶다는 것인데 그 정도의 월세를 받으려면 상가 하나로는 어림도 없었다. 월세가 100만~200만 원 정도 되는 상가 한 호실의 시세는 약 5억 원 정도였다. 대출을 80% 받는다고 해도 나머지 1억 원은 내 돈으로 메워야 했다. 물론 일부는 임차인의 보증금으로 충당되겠지만 여전히 적지 않은 돈이 필요했다.

게다가 80%에 해당하는 대출금 4억 원에 대한 이자도 감당할 수 있어야 한다. 상가에서 받은 임대료로 이자를 내고 난 후 남는 돈이 얼마인지 고려해야 하는 것이다. 저금리 시대라면 몰라도 요즘처럼 대출금리가 높아지면 이자도 많이 나가고, 남는 돈이 줄어들면서 리스크도 커진다. 월세 수입보다 대출이자가 더 커질 수도 있기 때문이다. 현금흐름을 만들기는커녕 내 돈까지 보태서 이자를 내야 하는 경우도 생긴다.

특히 상가는 공실이 되었을 때의 위험이 크다. 공실 기간이 길어지면 새로운 임차인이 구해질 때까지 대출이자도 전부 내 돈으로 내야 하고 매달 관리비도 내야 한다. 상가 관리비는 주택보다 훨씬 비싸다. 그래서 상가 투자를 잘못하면 잠도 제대로 못 자고 새벽마다 번쩍 눈이 떠진다고 하는 것이다. 자금이 넉넉하지 않은 사람은 감당하기 힘들겠구나 싶었고 상가 투자는 나와 맞지 않겠다는 결론을 내렸다.

이런저런 고민 끝에 생각한 것이 배당주 투자였다. 하지만 괜찮아 보인다고 무턱대고 뛰어들 수는 없으므로 밤잠을 설쳐가며 종목을 분석했고 실제로 투자한다는 심정으로 가상의 포트폴리오를 짜보았다. 결과가 괜찮으면 실제 투자를 해야겠다는 생각이었다. 그 결과, 같은 투자금이면 상가 투자나 배당주 투자나 수익률에서 별로 차이가 없었고 하루가 다르게 금리가 오르는 시기에는 오히려 배당주 투자가 낫다는 결론이 나왔다.

예를 들어 배당금으로 월 500만 원을 받는다고 해보자. 뒤에서 자세히 다루겠지만 배당주에는 여러 종류가 있는데, 대표적으로 배당금을 10% 이상 주는 고배당주와 배당금은 1~2%로 적지만 주가가 계속 상승하면서 시세차익을 안겨주는 배당성장주가 있다. 나는 전체 포트폴리오를 고배당주 50%와 배당성장주 50%로 구성하여 평균 배당수익률 6.7%로 만들었다. 이렇게 했을 때 필요한 총투자금을 역산해보면 약 7억5,000만 원어치의 배당주를 매입해야 한다(월 500만 원 × 12개월 × 연수익률 6.7%).

한편 7억5,000만 원으로 상가를 매입한다면 어떨까? 이 돈으로 4억2,000만 원짜리와 3억3,000만 원짜리 구분상가 두 채를 매입한다고 해보자. 참고로 하나는 내가 생활하는 지역인 광명의 실제 신축상가 분양가를, 다른 하나는 고양시의 신축상가 분양가를 기준으로 잡아서 계산해본 것이다. 둘 다 보증금은 3,000만 원으로 동일하고 월세는 각각 180만 원과 120만 원이었다. 두 가지를 동등하게 비교하기 위해서 대출이나 기타비용

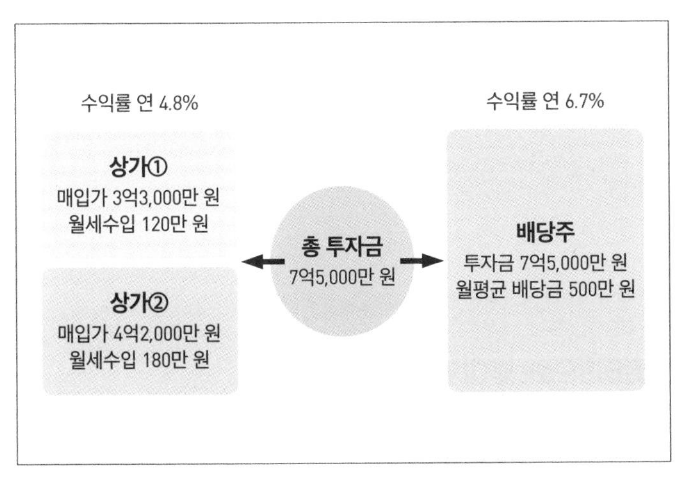

상가 투자 수익률 vs 배당주 투자 수익률

은 고려하지 않았고, 임대보증금 역시 돌려줘야 하는 돈이므로 포함하지 않았다.

간단히 따져봐도, 상가 두 곳에서 받을 수 있는 월세는 배당주 투자로 받을 수 있는 돈의 절반을 조금 넘는 수준인 300만 원에 불과하다. 즉, 같은 투자금이면 상가 투자보다 배당주 투자가 훨씬 유리한 것이다. 배당금을 받으면서 배당주를 오래 보유하면 주가가 오르면서 시세차익까지 노릴 수 있다. 게다가 배당주는 상가처럼 공실이 생길까봐 걱정하지 않아도 되고 매도인이나 임차인이나 중개인 등등 사람을 상대하지 않아도 된다는 장점까지 있다.

그래서 나는 상가나 주택에서 월세를 받는 대신 배당금으로 월 500만 원을 만드는 쪽으로 재테크 전략을 바꾸고 본격적으로 배당주 투자에 뛰어들었다. 이 프로젝트는 지금도 진행 중이다.

월급만으로는 절대 부자가 될 수 없다

프로젝트를 시작한 지 1년 반쯤 되는 2023년 초 기준으로 내가 받는 월평균 배당금은 171만 원(세후)이 되었다. 계획대로라면 월평균 배당금 500만 원이라는 목표를 달성하기까지 앞으로 5년이 남았다. 단순하게 '월 500만 원'이라는 목표에만 집중한다면 기간을 그 절반으로 줄일 수도 있고 당장이라도 배당금을 두 배로 늘릴 수 있다. 배당금을 많이 주는 고배당주만으로 포트폴리오를 구성하면 충분히 가능한 일이다.

하지만 앞서 언급했듯 내 포트폴리오에는 고배당주뿐만 아니라 배당금이 1% 수준으로 적은 배당성장주도 절반 정도 섞여 있기 때문에 전체적으로 6~7%의 수익률이 유지되는 편이다. 이렇게 하는 이유는 꼬박꼬박 통장에 꽂히는 배당금뿐 아니라 주가 상승에 따른 시세차익도 함께 누리고 싶어서다. 당장 현금흐름이 중요하다고 해도 주가가 오르면서 얻게 될 시세차익을 무시할 수는 없다.

월급만으로는 절대 부자가 될 수 없다. 우리 부부처럼 월급이 적은 외벌이 가정은 월급의 절반을 저축하며 악착같이 모아도 1년에 겨우 1,300만 원밖에 모을 수 없었다. 그 돈으로 전세를 얻기는커녕 아이를 낳아서 키울 수 있을까 싶었다. 그야말로 딱 먹고살 수만 있게 해주는 게 월급인 것 같다.

먹고사는 문제는 중요하다. 하지만 기왕 태어났으니 먹고사는 것 외에 좀 더 많은 걸 누리고 가야 하지 않을까? 파이어족★을 자칭하는 사람들 중에는 최소한의 생활비 정도의 현금흐름만 만들어두고 은퇴를 하는 경우가 많다. 하지만 내가 목표를 '월 500만 원'으로 삼은 이유는 최소 생활비 정도로는 부족하다고 생각하기 때문이다. 여기에 국민연금이나 개인연금은 별도로 계산해놓고 있다.

이렇게 계획한 이유는 은퇴 이후의 삶에 있어서 단순히 경제적인 부분만 고려할 수는 없기 때문이다. 일을 하지 않는다는 것은 쓸 수 있는 시간이 많아진다는 걸 의미한다. 그 시간에 무엇을 하며 보낼지에 따라 다르긴 하겠지만 직장에서 일만 하던 때에 비하면 얼마간의 비용이라도 더 들 수밖에 없다. 그래서 조기은퇴를 선언한 사람들 중 은퇴 후 생각보다 돈이 더 든다는 걸 깨닫고 다시 취업하는 경우를 종종 목격했다.

파이어(FIRE)족

'Financial Independence, Retire Early'의 약자. 20~30대에 극단적인 절약과 재테크를 통해 자산을 마련함으로써 30~40대 조기은퇴를 추구하는 사람들.

나이가 들수록 병원에 자주 가게 된다는 것도 염두에 두어야 한다. 젊을 때는 와닿지 않겠지만 실제로 노인파산의 원인 1위가 병원비라고 한다. 건강한 신체를 위해 애쓰는 것도 중요하지만, 건강에 대해서는 누구도 보장해 주지 않으니 대비를 해두지 않으면 안 된다.

내가 생각하기에 조기은퇴의 목적은 단순히 직장에 출근하지 않는 게 아니라 인생을 온전히 누리기 위함에 있다. 돈은 우리에게 많은 선택권을 준다. 하고 싶은 것을 할 수 있게 해주기도 하지만 하기 싫은 것을 하지 않을 수 있도록 도와준다. 그렇게 되기 위해서는 투자를 반드시 해야 한다. 투자는 해도 되고 안 해도 되는 게 아니라 필수인 것이다.

배당주 투자의 장점

배당주 투자의 구체적인 방법을 알려드리기 전에 먼저 내가 생각하는 배당주 투자의 장점을 먼저 말씀드리려고 한다.

소액으로 투자할 수 있다

'배당주'라는 종류의 주식이 따로 있는 게 아니라 배당이 잘 이루어지는 주식이 곧 배당주다. 따라서 배당주도 일반 주식과 같은 주식이기 때문에 소액 투자가 가능하다. 주식은 한 주의 가격이 몇백 원밖에 안 하는 이른바 '동전주'부터 몇백만 원에 이르는 주식까지 가격대가 매우 다양하다. 100만 원이 아니라 단돈 10만 원으로도 투자가 가능하다는 말이다. 매달 적금 대신 주식을 차곡차곡 사 모으는 것도 가능하다.

나 역시 처음부터 큰돈을 투자하지는 않았다. 주식 투자를 시작하려고 진입 타이밍을 보고 있을 때였다. 갑자기 중국 우한에서 발생한 바이러스가 전 세계로 무섭게 확산되기 시작했다. 주가는 실시간으로 곤두박질쳤지만 나는 '드디어 기회가 왔다'라는 생각이 들었다. 연 5.5%짜리 고금리 적금까지 해지하면서 가진 돈을 다 긁어모아 약 1,300만 원의 자금을 마련했다. 이 돈이 나의 첫 주식 투자금이었다.

나와 함께 절약과 재테크를 함께 하는 소모임인 '부릿지' 회원들도 각자 모은 돈으로 주식 투자를 시작했다. 어떤 분은 집안에 안 쓰는 물건을 중고거래로 팔아서 만든 몇만 원으로 주식을 사기도 했다. 투자금은 모두 달랐지만, 중요한 것은 이때 두려움을 이겨내고 주식 투자를 시작한 분들은 모두 돈을 벌었다는 것이다.

물론 더 하락할 것으로 예상해서 이른바 '곱버스(두 배 인버스)'에 올라탔다거나 급등과 급락을 반복하는 테마주에 투자해서 손해를 본 사람들의 이야기도 인터넷 커뮤니티에 심심치 않게 올라왔다. 하지만 그런 충동적인 투자가 아니라, 철저한 공부를 통해 좋은 종목들을 가려내어 흐름상 괜찮은 종목을 매수했다면 대부분 돈을 벌었을 것이다.

주식과 함께 한국 재테크 시장의 양대산맥이라 할 수 있는 부동산 시장에서도 한때는 3,000만 원 이내의 소액으로 투자가 가능했던 시기가 있었다. 하지만 그 시기는 지나간 지 오래됐다. 이제는 1억 원도 '소액' 취급받기 시작한지 몇 년 되다 보니 부동산 쪽에는 정말 투자할 게 없다. 있다 해도 다소 위험한 것들만 남았다. 나는 투자할 때 안정적인 걸 중요하게 생각하는데, 힘들게 모은 종잣돈을 잃으면 안 되기 때문이다.

얼마 전까지 공시지가 1억 원 이하의 지방 부동산을 매입해서 500만 원 또는 1,000만 원씩 버는 투자가 유행했다. 하지만 그래도 몇천만 원의 투자금이 필요한데, 그에 비해 수익률이 너무 낮지 않은가 싶다. 물론 사람에 따라 그런 투자 방식이 잘 맞는 사람도 있겠지만 시세차익이 괜찮게 나오는 시기에는 주식 투자의 수익률이 훨씬 좋은 경우가 많다.

환금성이 좋다

부동산 투자의 최대 단점은 무엇일까? 투자금이 크다는 것도 있지만 내가 생각하는 진짜 단점은 바로 돈이 묶인다는 점이다.

부동산을 꼭 정해진 기간에 팔아야 하는 경우가 있다. 예를 들어 아파트를 청약하여 분양받을 때 1세대 1주택자는 기존 주택을 정해진 기간 내에 처분하는 조건을 지켜야 하고, 그 아파트의 잔금대출을 받을 때 같은 조건이 붙기도 한다. 분양이 아니라 일반매매로 새집을 살 때도 1주택자 양도소득세 비과세 혜택을 받으려면 기존 주택을 처분해야 한다. 그렇지 않으면 적게는 수백만 원, 많게는 수억 원의 양도소득세를 현금으로 납부해야 한다. 그래서 투자자가 아닌 일반 실수요자들도 이런 상황을 미리 계획해서 매매 계획을 잡는다.

그런데 요즘처럼 갑자기 부동산 시장이 꽁꽁 얼어붙어 매수세가 확 죽어버리고 뉴스에서는 연일 집값이 하락한다는 이야기가 나오면 어떻게 될까? 집을 사려고 계획했던 사람들이 무서워서 집을 살 수 있을까? 당연히 매수심리가 움츠러들면서 살 사람은 줄어들고 부동산 시장은 점점 침체된다. 이런 상황에서 기간 안에 집을 꼭 팔아야 하는 사람들은 가격을 많이 내릴 수밖에 없고, 그렇게 했는데도 매수자가 나타나지 않을 수 있다. 원하는 시기에 현금화가 쉽지 않다는 것. 이게 부동산 투자의 가장 큰 단점이다.

반면, 주식은 그렇지 않다. 환금성이 좋다. 현금이 필요할 경우 손해를 감수할 마음만 먹으면 된다. 현재 시장가로 내놓으면 바로 팔리기 때문이다. 부동산 거래처럼 계약금만 받고 잔금은 몇 개월 후에 치르는 것도 아니어서, 모든 금액이 며칠 안에 통장에 들어온다. 급전이 필요한 사람뿐만 아니라 발 빠르게 움직여야 하는 투자자들에게도 이것은 주식 투자가 가진 엄청난 장점이라고 할 수 있다.

현금흐름이 생긴다

요즘은 이자도 오르고 물가도 올라 생활이 팍팍해졌다는 말을 많이 듣는다. 많은 분이 매월 따박따박 나오는 현금흐름에 관심을 많이 갖는 것 같다. 그런 면에서 배당주 투자의 매력은 더욱 높아졌다고 볼 수 있다.

일반적인 주식 투자는 주식을 사서 일정 기간 보유했다가 매도함으로써 시세차익을 얻는다. 대신 그 기간 동안은 돈이 묶인다. 하지만 배당주는 보유하는 기간 동안 배당금을 받을 수 있다. 그러니까 돈이 묶여 있는 동안 아무것도 할 수 없는 게 아니라 얼마간의 현금흐름이 발생하는 것이다.

배당금을 받아 생활비에 보탤 수도 있고 평소에 필요했던 물건을 살 수도 있다. 내 경우에는 배당금을 그대로 재투자하여 배당주를 더 사 모으는 데에 활용한다. 이렇게 하면 배당금에서 복리효과★가 발생하면서 투자금이 더욱 빠르게 커진다.

가끔은 수고한 나 자신에게 선물을 하기도 한다. 2021년도에 받았던 배당금은 약 330만 원이었는데 큰맘 먹고 그중 일부를 빼서 평소 봐두었던 가방을 장만하고 오래된 세탁기도 바꾸었다. 이런 이야기를 부릿지 회원들에게 했더니 자기 일처럼 기뻐하며 축하해 주었다. 그러면서 자신들도 더욱 열심히 투자하겠다는 의지를 불태운다. 부릿지 회원들은 이렇게 가끔 투자로 돈

복리효과

복리는 말 그대로 이자에 이자가 붙는다는 의미로, 투자기간이 길어질수록 원리금이 기하급수적으로 증가하며 위력을 발휘한다. 유명한 투자자 워런 버핏은 성공적인 투자를 하기 위해서는 일정 수준 이상의 수익률로 장기 투자를 해야한다는 복리 효과를 설명하면서 눈덩이 효과를 언급하기도 했다.

을 벌어 '플렉스'하는 이야기를 공유하는데 그때마다 마치 자기 일처럼 함께 기뻐해 주곤 한다.

평소에는 종잣돈을 한 푼이라도 더 모으기 위해 열심히 아끼며 살지만 가끔은 스스로에게 상을 주는 것도 좋다고 생각한다. 금액 자체가 크지는 않더라도 월급 외의 현금흐름이 주는 기쁨은 생각보다 매우 크다.

노후대비에 적합하다

직장인이라면 누구나 한번쯤 파이어족을 꿈꾸지 않을까? 파이어족이라는 말은 미국에서 처음 생겨났다. 미국 파이어족 중에는 열심히 번 돈을 주식에 투자하여 배당금을 월급처럼 세팅해서 사는 사람들이 꽤 많다.

미국의 경우 장기적으로 실적이 좋은 회사들이 많고, 그중 상당수가 주주친화적 정책을 펼치고 있다. 다시 말해 영업이익이 늘면 주주들에게 배당금을 늘린다는 뜻이다. 심지어 경제 여건이 좋지 않은 상황에도 배당금을 조금이나마 늘리는 회사도 더러 있다. 그래서 미국 주식의 경우 배당 지급 횟수에 따라 이른바 '배당왕족, 배당귀족' 등의 리스트가 존재하기도 한다.

한편 우리나라 주식 시장은 미국과 달라서 배당금으로 노후 대비를 하기에는 적당하지 않다는 말을 많이 들었다. 배당금을 많이 지급하는 주식이 상대적으로 적고 그나마도 영업실적이 조금만 안 좋아지면 배당금을 삭감해버리는 경우가 많기 때문이다. 처음에는 나도 그 말을 곧이곧대로 들었는데, 어느 날 문득 이런 생각이 들었다.

'배당금으로 파이어족이 되는 건 미국에서나 가능하다고? 그럼 미국 주식을 사면 되는 거 아닌가?'

그렇게 생각을 조금 바꿨을 뿐인데 상황이 완전히 달라졌다. 요즘처럼 클릭 몇 번으로 해외주식을 쉽게 사고팔 수 있는 상황에서는 한국 주식이든 미국 주식이든 상관없이 배당주 포트폴리오를 얼마든지 구성할 수 있다. 잘 세팅해 놓으면 매월 충분한 배당금으로 노후를 대비하는 파이어족이 되는 게 가능하다.

사실, 소득은 내 의지와 상관없이 언제든 단절될 수 있다. 단순히 노후대비만 중요한 것이 아니다. 갑자기 몸이 아플 수도 있고 불의의 사고를 당할 수도 있다. 그렇기 때문에 배당주로 현금흐름을 만들어두는 것은 이런 예상치 못했던 사태를 대비하는 한 가지 방법이다.

자산방어에 도움이 된다

배당주들은 상대적으로 하방경직성이 강한 편이다. 하방경직성이란 한 번 가격이 결정되고 나면 여건이 변화해도 가격이 쉽게 하락하지 않는 현상을 말한다. 쉽게 말해서, 배당주들은 다른 주식에 비해 비교적 떨어지는 폭이 적다는 뜻이다. 특히 내가 주력으로 하는 미국 배당주의 경우는 더욱 그렇다.

그 이유는, 단연 배당주의 가장 큰 특징인 배당금, 즉 따박따박 돈이 나온다는 점 때문이다. 앞서 미국의 파이어족 이야기를 했다. 이 사람들의 목적은 잘 세팅해둔 배당금으로 평생을 살아가는 것이라 해도 과언이 아니다. 이런 사람들이 일시적으로 주가가 폭락한다고 갖고 있던 배당주를 막 던져버릴까? 그렇지 않다. 미래를 보고 투자를 했기 때문에 웬만하면 계속 보유하려는 경향이 강하다.

게다가 주가가 떨어진다고 배당금이 줄어드는 것도 아니다. 오히려 주가가 떨어지면 상대적으로 배당률이 올라가는 효과가 있기 때문에 매수세가 강하게 들어오기도 한다. 이것 역시 배당주의 하방경직성을 강하게 만들어주는 하나의 요인이다.

그리고 이건 배당주 투자를 하면서 발견한 뜻밖의 장점인데, 오히려 주가가 하락하거나 조정받을 때는 배당주 덕분에 좀 더 수월하게 버틸 수 있기도 하다. 이는 주가가 떨어져도 배당금 덕분에 현금흐름을 어느 정도 유지할 수 있다는 뜻이다. 그래서 따지고 보면 잔고 화면에서 눈에 보이는 마이너스 수익률만큼 손해도 아니고, 오히려 그동안 받은 배당금 덕분에 플러스인 경우가 많다.

주택담보대출을 받아서 내 집 마련이나 투자를 한 경우라면 요즘처럼 금리가 많이 오르는 시기에는 이자 부담이 엄청나게 커졌을 것이다. 얼마 전 기사를 보니 가구당 지출하는 대출이자가 월평균 23만 원 늘어났다고 한다.

그런데 만약 배당금으로 월 20만 원의 현금이 들어온다면 부담은 확 줄게 된다. 금융소득으로 금융비용을 지출하는 것이다. 매달 들어오는 배당금이 더 많아진다면? 한 달에 200만 원, 300만 원씩 들어온다면? 매달 나가는 이자비용 전부를 배당금으로 충당하는 것도 가능하게 된다. 그러면 나의 월급은 온전히 지켜낼 수 있게 되는 것이다.

전체 가구 중 이자부담 가구 비중 35% 월 평균 이자 23만원

현대경제연구원 보고서, 평균소비성향, 66.6%
… 전년比 5.9%p↓

[서울파이낸스 김창남 기자] 치솟는 물가와 금리 탓에 이자를 부담하는 가구의 비중이 전체 가구의 35%를 넘어선 것으로 조사됐다. 특히 월평균 이자부담은 23만원으로, 대출에 따른 이자부담이 향후 가계소비 위축에도 적잖게 영향을 미칠 것으로 보인다. … (2022.10.30.)

대출이자 부담이 크지 않은 경우도 마찬가지다. 꾸준히 나오는 배당금을 모았다가 다른 곳에 재투자할 수 있다. 특히 경기가 하락한 시기에 주식을 더 사서 모아두면 나중에 다시 경기가 좋아졌을 때 시세차익까지 크게 가져갈 수 있다. 좋은 배당주를 매수해두었다면 당장은 주가가 하락했더라도 나중에 분위기가 좋아질 때 다시 회복하고 오르기 마련이다. 주가가 떨어졌을 때는 배당금을 받으며 버티고 있다가 주가가 오르면 시세차익을 통해 자산이 늘어나게 되는 것이다.

해외 배당주는 환율의 덕을 보기도 한다. 폭락기에는 주가가 떨어지고 환율이 오른다. 2022년부터 나타난 흐름이 바로 그랬다. 주식은 많이 빠지고 있는데 환율이 많이 올라서 한때는

1,450원에 육박하기도 했다.

미국 주식에 투자하고 있던 나는 실제로 환차익 덕분에 손해를 어느 정도 상쇄시킬 수 있었다. 서울에 있는 아파트의 잔금을 치르느라 돈이 조금 모자라서 어쩔 수 없이 미국 주식을 일부 매도했다. 정해진 날짜에 잔금을 치러야 하니 약간 손해를 봤지만 어쩔 수 없다고 생각하고 이자도 비싼데 대출받는 것보다 낫겠다 싶었다. 그런데 통장을 보니 손해가 아니라 오히려 수익이 나 있었다. 환차익 덕분에 가능했던 것이다.

가끔 "미국 주식에 투자하고 싶지만 환율이 너무 비싼데 지금 사도 되겠느냐"는 질문을 받는다. 하지만 환율이 올라 있을 때는 주가가 떨어져 있고, 주가가 오르면 환율도 떨어지는 경우가 많다. 그러니 환율에 너무 신경 쓰지 말고 주가가 떨어져 있으면 사도 괜찮다고 조언하곤 한다.

관리가 쉽다

현금흐름을 위해 월세를 받는 부동산을 활용하는 것도 좋다. 하지만 나에게는 수익형부동산의 큰 단점으로 다가오는 것이 있는데, 바로 임차인 관리다. 뭔가 고장났다는 연락이 오면 처리해줘야 하고 계약만기 날짜도 챙겨야 하며, 그때마다 계약을 연장할 건지 안 할 건지 협상도 해야 한다.

이사를 나가겠다고 하면 새로운 임차인을 구해야 하는데 하필 그 시기에 공교롭게 역전세 현상이 일어나면 투자금이 더 들어가야 할 수도 있다. 반대로 전세가가 많이 올랐어도 임차인이 그대로 살면서 갱신청구권을 쓰겠다고 하면 보증금을 5%밖에 올리지 못한 채 2년을 더 기다려야 한다. 임차인이 바뀐다고 해도 도배·장판 비용이나 중개수수료가 또 들어가기 때문에 은근히 신경 쓸 부분이 많다.

매도할 때도 마찬가지다. 매도를 해야 하는 상황인데 임차인이 아직 살고 있다면 임대차계약기간을 지켜줘야 하기 때문에 매수자에게 이른바 '전세를 안고' 매수하라고 요청해야 한다. 이럴 때는 투자자가 아닌 실입주자들은 거래 대상에서 제외되기 때문에 그만큼 팔 기회가 줄어든다.

그에 비해 배당주는 관리가 굉장히 쉽다. 일단 부동산처럼 공실이 생길 위험도 없고 뭔가를 해달라는 연락이 오지도 않는다. 한 번 사두면 팔 때까지 그냥 가지고만 있으면 된다. 팔 때도 마찬가지다. 어떻게 협상할지 고민할 필요도 없이 얼마에 팔지만 결정하면 된다. 누군가와 밀고 당기는 것을 잘 못하는 내가 보기엔 부동산 투자보다 이쪽이 훨씬 더 편하다는 생각이 든다.

회사에서 월급을 지급하면 통장에 현금이 들어오듯 배당금이 지급되면 내 계좌에 예수금이 차곡차곡 쌓인다. 어느 순간 거래내역을 열어보면 주식계좌에 예수금이 꽤 늘어나 있는데 그동안 받은 배당금 덕분이다. 그러면 나는 즐거운 마음으로 또 배당주를 사 모은다. 배당금 월 500만 원이라는 목표를 달성하고 편안한 마음으로 은퇴할 때까지.

배당주 투자에서 주의할 점

모든 것에는 장점이 있으면 단점도 있기 마련이다. 배당주 투자도 그렇다. 어떤 사람에게는 배당주 투자가 잘 맞지 않을 수도 있다. 그동안 부동산과 일반 주식 등 여러 투자를 해보니 뭐든 자기와 잘 맞는 방식을 선택하는 게 중요하다는 생각이 든다.

여기에서는 앞서 살펴본 배당주의 장점 외에 단점도 살펴보려고 한다. 배당주 투자를 본격적으로 시작하기 전에 객관적으로 판단해보기를 바란다.

원금손실의 우려가 있다

배당주도 주식이기 때문에 원금손실 우려가 당연히 존재한다. 주식 시장이 전체적으로 상승장이라고 해서 모든 종목이 상승하는 것은 아니고 그중에는 일시적인 실적 부진 등 이런저런 이유로 하락하는 종목도 있다. 이럴 경우 원금손실이 발생할 수도 있다.

따라서 배당주 투자도 특정 종목이나 산업에 집중 투자하기보다는 리스크 관리를 위해서 적절하게 분산투자해야 한다. 단, 이때의 분산투자는 단순히 여러 종목을 사는 것이 아니라 다양한 산업군에 나누어 투자하는 것을 의미한다. 만약 내가 여러 종목을 샀는데 그것이 모두 금융과 관련된 종목이라고 가정해보자. 최근 일어난 실리콘밸리뱅크(SVC) 사태처럼 갑자기 금융 관련 종목이 일제히 하락하는 사건이 발생한다면 내 계좌는 전체적으로 엄청난 손실을 입게 될 것이다.

하지만 금융업에 10%를 배치하고 2차전지 분야 10%, 반도체 분야 10%, 헬스케어 분야 10%…. 이런 식으로 산업군을 나누어 보유했다면 금융업이 폭락하더라도 전체적으로 마이너스가 크지 않거나 플러스 상태를 유지할 수 있다. 이런 식으로 리스크 관리를 위한 배당주 포트폴리오를 구성하는 방법은 뒤에서 다시 설명하도록 하겠다.

시세차익이 적을 수 있다

배당금을 많이 받을 목적으로 매수하는 배당률이 높은 배당주는 다른 주식들과 비교했을 때 시세차익이 적을 수 있다. 특히 현재 성장률이 높고 지속적으로 성장중이면서 앞으로도 큰 성장이 기대되는 성장주와 비교해보면 더욱 그렇다. 주식이 전반적으로 오르는 대세상승기에도 고배당주는 잘 오르지 않는 경우가 있어서 속이 타기도 한다.

과거 부동산 투자를 하던 시절에 느꼈던 심정과 똑같다. 앞에서도 이야기했지만, 간단히 말하자면 이렇다. 현금흐름에 늘 목이 마르다 보니 처음 부동산 투자를 시작할 때는 월세가 나오는 물건에 관심이 많았다. 그런 중에 선택하게 된 물건은 경기도의 한 소형 아파트였는데, 올수리 비용까지 포함해서 투자금 1,300만 원이 들어갔다.

그때가 2015년도였는데, 당시에는 이자만 내는 거치기간이 3년까지였다. 그 3년 동안 월세 40만 원을 받아서 이자를 내고 나면 16만 원이 남았는데, 그때는 그것이 무척이나 행복했다. 그러나 얼마 후 깨달았다. 이자 내고 남는 돈 16만 원을 1년 동안 모아봤자 192만 원밖에 되지 않는다는 걸 말이다. 임대차계약기간인 2년 동안 모아도 384만 원이다.

그때는 부동산 대세상승기이기도 했다. 자고 일어나면 아파트 호가가 1,000만 원씩 오르는 엄청난 '불장'이었다. 만약 비슷한 투자금으로 시세차익이 많이 나는 물건에 투자했다면 2년 후 집값이 수천만 원 올라있었을 것이다. 그걸 깨달은 이후 월세 투자는 더 이상 하지 않고 분양권 투자와 전세갭투자로 넘어가게 되었는데, 늦게나마 그렇게 하기를 잘했다고 생각하고 있다.

물론 보유하는 동안 월세를 받다가 팔 때는 높은 시세차익을 얻을 수 있다면 가장 좋겠지만 현실에서 그런 부동산은 매우 드물다. 월세 수익률이 높은 물건은 시세가 크게 오르지 않고, 시세가 잘 오르는 물건은 월세 수익률이 높지 않은 경우가 많다. 배당주도 비슷하다. 배당금을 많이 줄수록 시세차익을 기대하기 어려운 경우가 일반적이다. 배당도 많이 주면서 시세차익도 많이 나는 종목이 있으면 좋겠지만 안타깝게도 이런 종목은 무척 드물다.

생각해보면 당연한 현상이다. 성장주는 말 그대로 현재 성장 중이면서 앞으로도 큰 성장이 기대되는 종목이다. 마치 어린아이를 키울 때 아이의 더 나은 미래를 위해서 교육과 양육에 비용을 많이 들이는 것처럼, 성장주 역시 벌어들이는 수익을, 기업을 성장시키는 데 재투자하는 경우가 많다. 그만큼 주주들에게 나눠줄 배당금이 적을 수밖에 없다. 반대로 배당금을 많이 주는 종목은 대부분 이미 성숙단계에 접어들어 안정적으로 수익을 내고 있는 경우가 많다. 이런 기업은 안정적이긴 해도 큰 성장을 기대하기는 어렵다.

이런 단점을 최소화하려면 배당성장주를 적절히 배치해서 포트폴리오을 짜야 한다. 배당성장주는 현재 지급되는 배당금은 적지만 향후 만족스러운 시세차익을 기대할 만한 배당주를 말한다. 이렇게 해야 상승장이 왔을 때 남들이 많은 시세차익으로 돈을 벌어 환호할 때 소외되는 사태를 막을 수 있다.

배당삭감의 위험이 있다

일반주식과 달리 배당주에 투자할 때는 배당삭감(배당컷)의 위험도 염두에 두어야 한다. 경기가 너무 안 좋아서 주가가 폭락하는 경우에는 종종 배당삭감이 발생한다. 배당금이라는 게 기업이 영업활동을 잘해서 벌어들인 이익의 일부를 주주에게 나누어주는 것인데 경기가 좋지 않아서 영업이익이 줄어들면 당연히 나누어줄 배당금도 줄어드는 것이다.

예를 들어 애니메이션 분야 최강자인 월트디즈니(DIS)의 경우 지난 10년간 꾸준히 배당금을 늘려왔지만 코로나19 팬데믹으로 영화산업이 직격탄을 맞으면서 2020년부터는 배당금 지급을 중단했는데 이 글을 쓰고 있는 2023년 현재까지 이어지고 있다.

하지만 경기가 안 좋아진다고 모든 회사가 배당삭감을 하는 것은 아니다. 늘리지는 못해도 최소한 동결하는 기업도 많고 심지어 어려운 상황에서도 배당금을 올려주는 기업들이 의외로 많다. 그래서 보유한 종목 중에 배당삭감이 발생했다면 그 이유가 단순히 경기가 좋지 않아서인지, 해당 기업에 치명적인 문제가 생겨서 그런 것인지 확인을 해봐야 한다. 내가 투자한 회사가 건실하게 영업활동을 잘 하면서 꾸준히 매출과 영업이익을 늘려가고 있는지 살펴봐야 계속 보유하면서 배당금을 받을 수 있다. 만약 회사에 문제가 생기거나 심할 경우 회사가 망하기라도 한다면 더 이상 배당금도 받을 수 없게 된다.

그래서 나는 종목 선정할 때 그동안 배당삭감을 한 적이 있는지를 중요하게 본다. 종목을 선정해서 포트폴리오에 넣었는데 문제가 생겨서 배당삭감이 발생한다면 손해를 보더라도 파는 게 좋지 않을지 충분히 고민해야 한다. 그만큼 배당삭감은 배당주 투자에서 굉장히 중요한 요인이다.

배당소득세를 내야 한다

일반적으로 주식과 관련한 세금은 증권거래세, 양도소득세 등이 있는데 배당주는 여기에 한 가지를 더 고려해야 한다. 바로 배당금에 부과되는 배당소득세다.

배당소득세의 세율은 나라마다 조금씩 다른데 한국은 14%(지방소득세 등을 포함하면 15.4%)이고 미국은 15%, 그리고 중국은 10%이다. 이렇게 세율이 다를 경우에는 더 높은 세율을 적용한다. 즉 해외주식 배당금의 소득세율이 14%보다 높으면 한국에 추가로 납부할 배당소득세는 없지만, 그보다 낮으면 차액을 납부해야 하는 것이다. 이때는 차액에 지방소득세 등의 부가세(附加稅) 10%가 추가된다.

배당소득이 연간 2,000만 원 이하일 경우에는 근로소득 등 다른 소득과 합산하지 않고 따로 계산하는 분리과세를 하고, 그 이상이면 다른 소득과 합산해서 세율을 매기는 종합과세를 한다. 우리나라 소득세 구조는 소득이 높아질수록 세율도 높아지기 때문에 종합과세보다는 분리과세를 할 때 세액이 줄어들 가능성이 높다. 배당소득세에 대한 이야기는 뒤에서 자세히 설명할 예정이다.

사실 15.4%의 세금은 적은 편이 아니지만 그렇다고 이것 때문에 투자를 망설일 건 아니다. 돈을 벌면 세금은 당연히 따라오는 것이고 세금이 많이 나왔다는 것은 그만큼 번 돈도 많다는 뜻이다. 어차피 예·적금을 들어도 이자 중에서 15.4%를 이자소득세로 내야 하는 건 마찬가지다. 차라리 많이 벌고 합법적인 절세방안을 모색하는 것이 훨씬 나은 선택이라고 본다.

예금금리가 오르면 여윳돈을 예금에 넣는 분들이 많아지는데, 나는 그 돈으로 차라리 배당주 투자하는 게 훨씬 낫다고 생각한다. 고금리에 속하는 5%의 이자를 준다고 해서 적금을 들었는데, 막상 만기가 되고 나면 통장에 찍힌 이자가 내가 생각했던 금액보다 훨씬 적어서 당황했던 경험이 한 번쯤 있었을 것이다. 5%라는 이자율을 365일로 일할계산해서 그 돈이 들어 있었던 기간만큼의 이자만 지급하기 때문인데, 이 사실을 잘 모르는 분들이 의외로 많다. 여기에 15.4%의 소득세까지 떼고 나면 남는 돈은 얼마 되지 않는다. 예를 들어 연 5%의 이자를 지급하는 적금에 월 10만 원씩 1년을 불입하면 만기 때 받는 이자는 세전 3만2,500원(세후 2만7,495원)이다.

반면 배당주의 배당률이 연 5%라고 하면 보유 기간과 상관없이 기준일에 보유한 총금액의 5%를 지급한다. 기준일에 미국 배당주 120만 원어치를 보유하고 있다면 연 6만 원(세후 5만1,000원)을 받을 수 있기 때문에 수익률이 좀 더 좋다.

또한 복리효과도 배당주가 더 크게 누릴 수 있다. 받은 배당금을 다시 배당주에 투자하면 마치 이자에 이자가 붙는 것처럼 배당금에 배당금이 붙는 것이다. '복리의 마법'이 얼마나 대단한지를 흔히 이야기하는데 복리는 이율이 높을수록, 그리고 기간이 길수록 더 큰 위력을 발휘한다. 배당주 투자는 예·적금 투자보다 수익률도 높을 뿐 아니라 오래 보유하기에도 유리하다. 배당주 투자 자체가 오랜 시간 보유하면서 현금흐름을 만드는 전략을 기본으로 하기 때문이다.

게다가 미국에서는 매년 배당을 늘리고 있는 기업이 많다. 그런 주식을 일찍 사두면 들어오는 배당금도 빠르게 늘어나는 것이다. 여기에 시장 흐름이 전반적으로 상승세일 때에는 시세차익도 기대해 볼 수 있다.

거듭 말하지만, 모든 사람에게 배당주 투자가 적합한 것은 아니다. 여러 단점을 미리 알아두고 그것을 상쇄할 만한 장점이 있는지를 잘 따져봐야 한다. 나는 장점이 단점보다 훨씬 많다는 것을 확신하기 때문에 하루라도 빨리 시작하는 게 마법을 만들어내는 가장 현명한 길이라고 생각했다. 여러분도 자신에게 맞는 전략이 무엇인지 잘 고민해 보면 좋겠다.

기본 중의 기본!
필수 개념 알아두기

가장 먼저 살펴볼 것은 자주 쓰이는 기본 용어들이다. 주식용어는 어려워 보이지만 꼭 필요한 몇 가지만 알고 있으면 투자하는 데 큰 지장이 없다. 우리는 애널리스트도 아니고 학자도 아니기 때문에 그저 내가 투자하는 데 필요한 정보만 얻을 수 있으면 그만이다. 그러니 여기에서는 자주 쓰이는 개념만 몇 가지 이야기해볼 생각이다. 이것을 뒤집어 생각하면 여기에 나와 있는 개념 정도는 확실히 알아둬야 한다는 뜻이기도 하다.

배당금

배당금은 기업이 영업활동을 통해 벌어들인 이익이 누적되어 만들어진 이익잉여금의 일부를 주주에게 분배하고자 지급하는 돈이다. 쉽게 말하면 기업이 벌어들인 수익을 주주들에게 현금으로 나눠주는 것이다. 그래서 배당금을 꾸준히 늘리는 기업은 영업활동을 잘하고 있다고 볼 수 있다.

수익이 많은 회사가 무조건 배당금도 많은 것은 아니다. 어떤 회사들은 주주에게 배당금을 나눠주는 대신 그 돈을 회사의 성장에 투자하는 쪽을 택하기도 한다. 앞서 언급된 배당성장주가 바로 그런 기업들이다.

이처럼 배당금은 기업의 상황이나 CEO의 경영철학에 따라 달라질 수 있기 때문에 매년 똑같지는 않다. 그래서 배당금을 꾸준히 지급하고 있는지, 배당삭감을 하지는 않았는지 여부가 중요한 것이다.

주당배당금

주당배당금이란 한 기업의 총 배당금을 발행주식의 수로 나눈 값, 즉 주식 한 주당 지급되는 배당금을 의미한다. 공식은 아래와 같다.

주당배당금 = 총 배당금 ÷ 발행주식 수

어떤 기업의 주당배당금이 높은지를 알아보고 싶을 때는 미국 주식의 경우 '시킹알파(https://seekingalpha.com)'라는 사이트를 이용하면 편하다. 특히 주당배당금을 연도별로 쉽게 확인할 수 있기 때문에 배당금이 꾸준히 유지되어 왔는지를 확인하기 좋다.

TROW

Dividend Payout History

Download to Spreadsheet

Year	Amount	Adj. Amount	Dividend Type	Frequency	Ex-Div Date	Record D.	
2023							
	1.2200	1.2200	Regular	Quarterly	6/14/2023	6/15/2023	
	1.2200	1.2200	Regular	Quarterly	3/14/2023	3/15/2023	
2022							
	1.2000	1.2000	Regular	Quarterly	12/15/2022	12/16/2022	1
	1.2000	1.2000	Regular	Quarterly	9/14/2022	9/15/2022	
	1.2000	1.2000	Regular	Quarterly	6/14/2022	6/15/2022	
	1.2000	1.2000	Regular	Quarterly	3/14/2022	3/15/2022	
2021							
	1.0800	1.0800	Regular	Quarterly	12/15/2021	12/16/2021	1
	1.0800	1.0800	Regular	Quarterly	9/14/2021	9/15/2021	
	3.0000	3.0000	Special	Other	6/24/2021	6/25/2021	
	1.0800	1.0800	Regular	Quarterly	6/14/2021	6/15/2021	
	1.0800	1.0800	Regular	Quarterly	3/15/2021	3/16/2021	
2020							
	0.9000	0.9000	Regular	Quarterly	12/14/2020	12/15/2020	1
	0.9000	0.9000	Regular	Quarterly	9/14/2020	9/15/2020	
	0.9000	0.9000	Regular	Quarterly	6/12/2020	6/15/2020	
	0.9000	0.9000	Regular	Quarterly	3/13/2020	3/16/2020	

티로웨프라이스그룹(TROW)의 연도별 주당배당금

(출처 : seekingalpha.com)

아래는 내가 투자하고 있는 미국 기업인 티로웨프라이스그룹(TROW)의 연도별 주당배당금 지급 내역이다. 사이트에 접속한 후 'Dividend Payout History(배당금 지급 내역)' 메뉴로 들어가면 확인할 수 있다.

국내 주식의 경우는 증권 정보 포털 '세이브로(https://seibro.or.kr)'에서 확인할 수 있다. '배당정보' 메뉴를 이용하면 주당배당금을 연도별로 조회할 수 있는데, 1978년 이후 자료만 조회된다는 것을 참고하기 바란다.

배당성장률

배당성장률은 일정 기간 동안 주당배당금이 얼마나 늘어났는지를 의미하는 것으로, 배당주 투자에 매우 중요한 지표이다. 연간 배당성장률이라면 작년에 비해 올해 늘어난 배당금의 액수를 작년 배당금으로 나눠서 계산한다.

커피회사로 잘 알려진 스타벅스(SBUX)를 보면 2021년 주당배당금은 1.84달러였는데 2022년에는 2달러로 늘어났다. 이 경우 2022년의 연간 배당성장률은 8.7%가 된다.

연간 배당성장률

= (해당년도 배당금 - 기준년도 배당금) ÷ 기준년도 배당금 × 100

= (2달러 - 1.84달러) ÷ 1.84달러 × 100

= 약 8.7%

배당성장률이 중요한 이유는 복리효과 때문이다. 배당성장률이 높다는 것은 시간이 갈수록 받게 되는 배당금도 늘어난다는 것인데, 이렇게 늘어나는 배당금을 재투자했을 경우 복리효과는 엄청나게 커지는 것이다. 예를 들어 현재 배당금이 1년에 100만 원인데, A종목의 배당성장률은 연 3%이고 B종목은 연 10%라고 하자. 10년 후 이 두 종목의 배당금은 얼마나 차이가 날까? A종목은 10년 후 배당금이 연 134만 원이 되지만, B종목은 연 259만 원이 된다. 두 배 가까운 차이가 생기는 것이다. 배당금 투자는 장기투자이기 때문에 항상 이렇게 복리효과를 생각하지 않으면 안 된다.

배당수익률(시가배당률)

배당수익률(시가배당률)은 주가에 비해 배당금을 얼마나 많이 주는지를 의미한다. 예를 들면 티로웨프라이스그룹(TROW)의 2023년 4월 주당배당금은 4.88달러인데 주가는 113.27달러이다. 그렇다면 배당수익률은 약 4.31%가 된다.

배당수익률 = (주당배당금 ÷ 주가) × 100

= (4.88달러 ÷ 113.27달러) × 100

= 약 4.31%

나는 고배당주와 저배당주를 구분할 때 바로 이 배당수익률을 이용한다. 주당배당금으로는 투자금 대비 수익률을 알기가 어렵기 때문이다. 나는 배당수익률이 10% 이상이면 고배당주, 4~5% 수준이면 중배당주, 그리고 2% 이하이면 저배당주로 구분한다. 단, 저배당주 중에서 계속해서 배당금을 늘려가면서 향후 주가상승이 기대되는 종목은 특별히 배당성장주로 분류해 놓고 있다. 이 분류 기준은 일반적으로 사용되는 것은 아니고, 내 편의에 의해 정해둔 것이므로 각자의 기준에 따라 참고하면 좋을 것 같다. 다만 이 책에서는 이 기준을 가지고 계속 이야기를 이어나갈 예정이다.

한 가지 주의할 것은 배당수익률이 높다고 해서 반드시 좋은 배당주라고 할 수는 없다는 점이다. 배당수익률 외에도 여러 가지를 종합적으로 판단해야 하는데, 이에 대해 앞으로 하나씩 살펴보도록 하겠다.

배당성향

배당성향은 쉽게 말해 기업이 주주에게 얼마나 배당을 잘 해주느냐를 뜻한다. 일반적으로 어떤 기업이 일정 기간에 기록한 당기순이익 중에서 주주에게 지급된 배당금 총액의 비율로 계산한다.

예를 들어, 우리나라 대표기업인 삼성전자의 2022년 재무제표를 살펴보면 2022년 당기순이익★은 약 55조6,540억 원이고 배당금 지급액은 약 9조8,144억 원이다. 이럴 경우 삼성전자의 2022년 배당성향은 약 17.6%라고 할 수 있다.

배당성향 = (배당금 총액 ÷ 당기순이익) × 100

= (9조8,144억 원 ÷ 55조6540억 원) × 100

= 약 17.6%

언뜻 보면 배당성향이 높을수록 좋을 것 같지만 무조건 그런 것은 아니다. 배당성향은 양날의 검이기 때문에 지나치게 높은 종목은 오히려 주의할 필요가 있다. 그 이유는 뒤에서 더 자세하게 설명하도록 하겠다.

당기순이익

일정 회계기간에 발생한 기업의 전체 수익에서 비용을 차감한 금액으로, 손익계산서를 보면 쉽게 찾을 수 있다. 구체적으로는 매출액에서 매출원가·판매비·관리비 등을 뺀 영업이익에 영업외 수익 및 특별이익을 더하고, 다시 영업외비용 및 특별손실을 뺀 후 최종적으로 법인세를 뺀 금액이다.

배당기준일과 배당락

예금이나 적금은 은행에 돈을 넣어둔 기간을 날짜별로 따져서 그만큼의 이자를 주지만 배당주는 정해진 날짜에만 회사의 주식을 보유만 하고 있으면 배당금을 받을 수 있다. 이때 배당금을 받기 위해서 주식을 보유하고 있어야 하는 그 날짜가 바로 배당기준일이다. 배당기준일은 기업마다 다른데, 정확한 날짜를 확인하려면 국내기업의 경우 세이브로나 MTS 또는 HTS에서 확인할 수 있고, 미국기업의 경우는 시킹알파에서 Dividend Payout History를 이용하면 된다.

주의할 점은 주식을 매수하는 날짜와 실제 주주명부에 등록되는 날짜가 다르다는 점이다. 국내 주식은 매수한 날로부터 3거래일★째 되는 날, 미국 주식은 4거래일째 되는 날 주주명부에 정식 등록이 된다. 따라서 국내는 배당기준일보다 최소한 2거래일 전에, 미국 주식은 3거래일 전에 주식을 매수해야 배당을 받을 수 있다.

예를 들어 한국 주식인 삼성전자의 경우 2022년 3분기 배당기준일은 9월 30일이었다. 그래서 배당을 받기 위해서는 2거래일 전인 9월 28일까지 주식을 매수해서 보유하고 있어야 했다. 한편 미국 주식인 스타벅스의 경우 2022년 3분기 배당기준일이 8월 10일이었으므로 3거래일 전인 8월 7일까지 매수하여 보유하고 있어야만 배당을 받을 수 있었다.

사실 배당기준일은 주식을 장기로 보유할 경우에는 별로 중요하지 않다. 그런데 기왕 매수할 거라면 배당기준일 이전에 매수해서 배당금을 한 번이라도 더 받는 게 좋다고 생각하는 게 대중의 심리가 아닐까?

문제는 바로 이런 심리 때문에 '배당락(配當落)'이 발생한다는 사실이다. 배당기준일이 가까워지면 배당금을 받으려고 이 종목을 매수하려는 사람들이 많아지면서 주가가 오르지만 배당기준일이 지나면 다시 매도하는 사람이 많아지기 때문에 주가가 떨어진다. 이것이 바로 배당락이다.

배당락은 주로 연배당, 그러니까 배당금을 1년에 한 번 지급

거래일

어음법·수표법상 권리행사 또는 보전에 관한 행위를 유효하게 할 수 있는 날. 일반적으로 국경일, 공휴일, 일요일, 기타 일반 휴일을 제외한 날을 의미한다.

하는 종목에서 더 크게 발생한다. 올해 배당금 조건을 충족했다면 남은 1년 동안 투자금을 빼서 다른 곳에 투자했다가 다시 내년 배당기준일 즈음에 매수하겠다고 생각하는 사람이 많기 때문이다. 미국 주식의 경우는 월배당이나 분기배당이 많기 때문에 배당락에 의한 충격이 분산된다. 이 점 역시 미국 주식이 배당주 투자에 적합하다는 걸 보여주는 또 다른 매력이기도 하다.

준비된 사람만이 기회를 잡는다

재테크 커뮤니티에 가면 꼭 이런 질문이 올라온다. "제가 돈을 ○천만 원 모았는데 이걸로 어디에 투자를 하면 좋을까요?"

이런 분들은 먼저 자신과 대화를 해봐야 하지 않을까 싶다. 스스로와의 대화를 많이 해서 지금 나의 상황은 어떠한지, 진정으로 원하는 게 무엇인지를 생각해야 한다. 그 후에 강의를 듣거나 책을 보면서 스스로 공부를 해서 어느 정도의 기초지식을 쌓고, 그 다음 전문가에게 상담을 받으면 훨씬 좋은 선택을 할 수 있을 것이다.

몇 년 전 부동산 상승기에도 그렇고 최근 지나간 주식 상승기에도 뒤늦게 '그때가 타이밍이었구나'라고 깨달은 분들은 박탈감을 많이 느끼는 것이다. 하지만 이런 기회는 계속, 생각보다 자주 온다. 경제는 끊임없이 살아 움직이는 생물 같아서 오르락내리락을 반복하기 때문이다.

그러니 아깝게 기회를 놓쳤더라도 조급해 하지 말고 기다리면 된다. 언제 그 기회가 또 오나 싶겠지만 생각보다 빨리, 그리고 반드시 오게 되어 있다.

기회를 알아보는 안목을 키우자

진짜 문제는 기회가 왔을 때 내가 그 기회를 알아보고 잡을 준비가 되어 있느냐다. 그 준비는 크게 두 가지로 볼 수 있다. 하나는 기회를 알아보고 어디에 투자를 해야 할지 알아보는 눈, 다른 하나는 투자금이다. 기회가 왔다는 걸 알았어도 종잣돈이 없으면 투자할 수가 없고 아무리 돈이 많아도 기회를 제대로 알아보지 못하면 돈을 벌기는커녕 있는 돈까지 날릴 수도 있다. 기회를 알아보는 안목을 갖추지 않은 채 남들 다 벌때 나만 못 버는 것 같다는 마음이 들면 큰 실수를 할 수도 있다.

그래서 나는 다음 기회를 기다리는 시간에 공부를 하면서 종잣돈을 열심히 모으라고 항상 강조한다. 이것은 배당주 투자분만 아니라 일반적인 주식 투자도, 부동산 투자도, 그 어떤 투자도 마찬가지라고 생각한다.

절약으로 종잣돈을 늘리자

배당주 투자에 대한 구체적인 이야기는 앞으로 하나씩 해나갈 예정이지만 그 전에 당부하고 싶은 이야기가 있다. 부자로 살고 싶다면 검소하게 사는 습관을 반드시 들여야 한다고 말이다. 종잣돈이 전혀 없어서 일단 모으기부터 시작해야 하는 사람에게는 너무나 당연한 말이지만 이미 어느 정도의 자산을 보유한 사람에게도 마찬가지다.

투자는 레버리지를 활용해서 적은 돈을 크게 불리는 일이다. 종잣돈을 잘 불리기만해도 부자가 될 수는 있지만, 계속해서 종잣돈을 보탤 수 있다면 더 빠르게 부자가 될 수 있다.

그러니 지금 당장 절약하고 돈을 모으는 게 궁상맞다고 생각하지는 않았으면 한다. 빠르게 부자가 되는 것은 중요하다. 열심히 번 돈으로 경제적인 자유를 누리게 되었을 때 몸이 너무 늙어버려 그 자유를 즐기기 어렵다면 너무 아깝지 않은가?

공부하면서 느낀 점이 또 하나 있다면 배당주 투자는 하루라도 빨리 시작하는 게 몇 배, 아니 몇십 배, 혹은 그 이상으로 이득이라는 점이다. 배당주는 주식이지만 마치 예금이자처럼 복리효과를 누릴 수 있다는 장점이 있고 복리효과는 투자 기간이 길수록 엄청난 위력을 발휘하기 때문이다. 그래서 나도 '더 빨리 알았으면 좋았을 텐데'라고 생각할 때가 종종 있지만, 지금이라도 투자를 하게 되어 다행이라고 생각한다.

나는 완벽하게 경제적 자유를 누리는 삶을 하루라도 앞당기고 싶다. 꼬부랑 할머니가 되었을 때가 아니라 가까운 미래에 그 삶을 실현하기 위해 지금은 당분간만 참자고 생각한다. 명품가방이 예쁜 줄도 알고, 해외여행이 좋은 것도 안다. 하지만 여기에 쓸 돈으로 배당주를 사면 당장 다음 달에 들어올 배당금이 더 많아질 것이고, 그걸 재투자했을 때 몇 년 후 내 자산은 더 커질 거라고 생각하면 한번 참게 된다. 배당주 세팅만 잘 해두면 나중에는 노동을 하지 않아도 돈이 계속 들어올 것이고, 그때가 되면 하고 싶은 일을 마음껏 할 수 있다. 이 책을 읽고 있는 여러분도 그 날을 꿈꾸면서 함께 부자가 될 수 있기를 바란다.

제2장
배당주별
특징을
파악하자
₩5,000,000 per month!

미국 주식이 배당주 투자에 유리한 이유

배당주 투자에 관심은 있는데 어떻게 시작할지 막막하다는 이야기를 정말 많이 듣는다. 그 말이 충분히 이해가 된다. 나 역시 첫 번째 포트폴리오를 짜는 데 굉장히 오래 걸렸기 때문이다. 몇 달 동안 밤잠을 거의 못 자다시피 하면서 만들었던 것 같다.

일단 수만 가지 종목 중에서 장기보유할 만큼 괜찮은 기업들을 추려내야 했다. 영업활동을 잘해서 이익을 내고 있는지, 배당금을 늘리고 있는지, 배당삭감을 한 이력은 없는지, 성장산업인지 사양산업인지 하나하나 살펴보았다. 그리고 내가 목표로 한 '배당금 월 500만 원'을 달성하기 위해서 고배당주, 중배당주, 배당성장주의 비율을 어떻게 가져가야 할지 고민하는 데에도 한참이 걸렸다.

그렇게 이것저것 닥치는 대로 공부를 하면서 들었던 생각이 몇 가지 있는데 그중 하나는 국내 주식보다 미국 주식이 배당주 투자에 적합하다는 것이다. 실제로 나의 배당주 포트폴리오에는 국내 몇몇 기업 외에는 대부분 미국 주식이다. 왜 그런 생각을 하게 됐는지 지금부터 이야기해보겠다.

국내기업에 비해 주주친화적이다

주주친화적 경영이란 회사가 주주들의 이익을 높이는 데에 적극적이라는 뜻이다. 주가가 떨어질 때 자사주를 매입해서 주가를 높이거나 소액주주가 경영에 참여할 기회를 확대하는 것 등을 말한다. 특히 배당주 투자에서는 배당을 확대해서 주주의 이익을 증가시키는 것이 곧 주주친화적 정책이라 할 수 있다.

국내 기업은 미국 기업에 비해 주주친화적인 측면이 적고, 배당에도 인색한 편이다. 과거에 비해 그나마 조금 나아졌지만 여전히 경영이 조금만 어려워져도 배당삭감을 해버리는 경우가 많다. 배당주에 투자하는 이유가 매월 따박따박 배당금을 받기 위해서인데 경영이 어려워졌다고 배당금을 삭감해버리면 받는 사람 입장에서 상당히 불안정한 요소일 수밖에 없다.

반면 미국은 그런 경우가 많지 않다. 오랜 기간 지속해서 배당을 늘려온 기업들이 많아서 이른바 '배당킹'이나 '배당귀족' 이라는 기업 리스트가 있을 정도다. 흔히 배당킹은 50년 연속, 배당귀족은 25년 이상 연속으로 배당금을 늘려온 종목 중에 S&P500에 속해있으면서, 최소 시가총액과 유동성 등 요구사항을 충족한 탄탄한 종목들을 의미한다. 대표적인 배당킹으로는 코카콜라(KO), 도버코퍼레이션(DOV), 쓰리엠(MMM) 등이 있고 배당귀족으로는 존슨앤존슨(JNJ), 맥도날드(MCD), 프록터앤갬블(PG) 등이 있다.

이 밖에도 10년 이상 배당을 늘려온 기업은 '배당챔피언' 또는 '배당성취자'라고 부르고, 5년 이상 늘려온 기업은 '배당블루칩'이라고 부르기도 한다. 이런 종목들은 장차 배당귀족이나 배당킹이 될 수 있을 뿐 아니라 성장주로서 시세차익도 얻게 해줄 가능성이 있으므로 눈여겨볼 필요가 있다.

배당 관련 상품이 다양하다

미국은 배당주만 많은 게 아니라 관련 금융상품도 다양하다.

리츠, 펀드 등 다양한 종목들이 존재하기 때문에 잘 골라내면 좋은 포트폴리오를 짤 수 있다.

리츠(REITs)는 부동산 투자를 전문으로 하는 뮤추얼펀드★를 의미한다. 미국에는 우리가 흔히 생각하는 부동산 신탁회사, 즉 주택담보대출로 수익을 내는 회사뿐 아니라 병원, 개인형 창고, 통신타워, 의료용 대마초 재배시설 등 을 임대하는 다양한 리츠 회사들이 존재한다. 이런 리츠 회사들도 주식을 발행함으로써 뮤추얼펀드의 형태로 투자 시장에 참여하고 있다.

리츠주는 보통 고배당주인 경우가 많아서 포트폴리오에 적절히 넣으면 높은 현금흐름을 창출할 수 있다. 하지만 금리 인상 시기에는 회사 자체의 이자 비용이 커지기 때문에 실적이 악화될 우려가 있다는 점을 유념할 필요가 있다.

직접투자와 간접투자의 중간 형태인 ETF에 투자할 수도 있

뮤츄얼펀드

Mutual Fund. 주식 투자를 목적으로 설립된 법인회사. 주식을 발행하여 다수의 일반인에게 판매함으로써 투자금을 모으고, 이를 운용회사에 맡겨 수익을 얻는다.

다. ETF(Exchange Traded Fund)는 여러 종목을 묶어서 하나의 상품처럼 만들어 주식 시장에서 거래하는 펀드를 말한다. 다우지수나 S&P500 등 대표적인 주가지수를 추종하는 ETF뿐만 아니라 고배당기업만 골라서 묶어놓은 ETF, 배당성장주만 묶어놓은 ETF, 빅테크 기업에 투자하는 ETF 등 셀 수 없이 많은 상품이 있다. ETF도 배당금을 지급는데 그중에는 10%가 넘는 고배당을 지급하는 상품도 있다.

ETF는 하나의 상품 안에 여러 종목이 들어있기 때문에 적은 돈으로 분산투자 효과를 낼 수 있다. 따라서 변동성이 덜하고 개별종목에 비해 안정적이라는 장점이 있다. 하지만 개별 성장주에 투자했을 때보다는 수익률이 낮을 수 있으므로 내가 추구하는 방향에 맞는지 여러 방면으로 고려해보는 게 좋다.

배당락이 크지 않다

국내 배당주는 대부분 1년에 한 번 배당을 하는 연배당이고, 그만큼 배당락의 위험이 큰 편이다. 예를 들어 국내 금융주의 경우 배당수익률은 높은 편이지만 배당락이 잘 일어나기도 한다.

금융주의 상당수가 매년 마지막 거래일(12월 30일)을 배당기준일로 삼고 있는데, 연말이 되면 특히 외국인이나 기관투자자 같은 큰손들이 매수를 하면서 주가가 점점 오르다가 배당기준일이 지나면 바로 매도를 하는 경우가 많다. 이때 제대로 매도하지 못하면 손해로 이어질 수 있다. 물론 장기적으로 보유하면 1년 후에는 다시 큰손들이 움직이면서 주가가 회복하기도 하지만 그때까지 오랜 시간이 걸린다. 매도하지 않고 오래 가져갈 계획이었다고는 해도 막상 보유한 종목의 주가 하락은 그리 유쾌한 일이 아니다.

반면에 미국 주식은 월배당과 분기배당이 많다 보니 배당기준일 이후에 배당락이 일어나는 정도가 훨씬 덜하다. 최근에는 우리나라 금융주도 분기배당을 하는 경우가 많아졌는데, 배당주 투자자의 입장에서는 반가운 흐름이다.

또한 분기배당이나 월배당은 현금흐름이 자주 발생하기 때문에 배당금을 월급처럼 받고자 하는 배당주 투자에는 훨씬 유리하다고 생각한다.

이러한 장점이 있지만 어떤 경우에도 절대적인 것은 없다. 미국 주식과 국내 주식의 특징을 두루두루 공부해보고 나와 맞는 주식으로 포트폴리오를 구성해보길 바란다.

배당수익률에 따라 배당주를 구분해 보자

앞서 말했듯 나는 배당주를 평균적인 배당수익률에 따라 초고배당주, 고·중배당주, 배당성장주 이렇게 세 가지로 나누어서 투자한다. 이것은 일반적으로 정해진 것은 아니고 나의 기준에서 나눠놓은 것이라는 점을 참고하기 바란다.

이렇게 구분을 해놓은 이유는 배당수익률에 따라 적절하게 포트폴리오를 구성하기 위해서다. 현금흐름을 만들어줄 종목은 초고배당주와 고·중배당주이지만, 차후 시세차익을 제일 크게 기대할 수 있는 종목은 배당성장주이기 때문이다. 내가 구체적으로 어떤 기준으로 배당주를 구분했는지 자세히 설명해보겠다.

배당수익률 10% 이상의 초고배당주

평균 배당수익률이 10% 이상으로 높은 종목은 초고배당주로 배치했다. 빠르게 자산을 불려서 파이어족으로 은퇴하기를 꿈꾸거나 은퇴가 얼마 남지 않은 분들은 월급만큼의 현금흐름이 필요하다. 이런 분들은 포트폴리오에 초고배당주를 많이 배치해서 당장 들어오는 현금이 넉넉하도록 구성을 해야 한다.

특히 월배당 종목을 많이 넣어두면 월급처럼 다달이 현금흐름을 얻을 수 있다. 주로 캐피털 회사, 리츠주, 커버드콜★ 전략을 사용하는 펀드 중에 이런 종목이 많다. 대표적인 초고배당주에는 허큘리스캐피털(HTGC), 구겐하임펀드(GOF), S&P500 커버드콜(XYLD) 등이 있다.

초고배당주의 단점은 주가 상승이 굉장히 제한적이어서 시

커버드콜

Covered-call. 미래에 주식을 살 수 있는 권리인 콜옵션을 매도하면서, 동시에 해당 주식을 보유하는 전략. 주식 가격이 하락해도 콜옵션 수익으로 손해를 줄일 수 있다.

세차익을 기대하기는 어렵다는 점이다. 일반적으로 주가가 큰 폭으로 상승하려면 매출액과 영업이익도 큰 폭으로 상승해야 한다. 이렇게 하려면 기업들은 벌어들인 돈을 재투자해서 공장도 짓고 연구개발도 해야 한다.

하지만 고배당주의 경우 수익의 상당 부분을 주주들에게 배당하기 때문에 매출액과 영업이익이 크게 상승하지 않는다. 또는 이미 충분히 성장해서 안정적으로 유지되고 있는 기업이기 때문에 공격적인 투자를 할 필요가 없다고 볼 수도 있다. 어쨌든 성장보다 안정적인 수익구조를 추구하는 쪽으로 경영하기 때문에 주가 상승은 기대하기 힘든 것이다.

나는 당장 현금흐름이 필요한 상황이라고 해도 포트폴리오에 초고배당주만 담는 것은 바람직하지 않다고 생각한다. 대세상승기가 왔을 때 성장주들이 급등하는 동안에도 초고배당주의 주가는 크게 움직이지 않기 때문이다. 대세상승기에 나만 소외되는 것, 내 주식만 안 오르는 것만큼 속상한 일도 없다. 그러니 가능하다면 전체 포트폴리오 중 최소 10~20% 정도만이라도 배당성장주를 배치하는 게 좋다. 대세상승장이 왔을 때 소외되지 않기 위한 최소한의 대비이다.

배당수익률 4~5%의 고·중배당주

평균 배당수익률이 4~5% 정도인 종목은 고·중배당주로 분류했다. 이 종목들은 배당수익도 얻으면서 시세차익도 어느 정도 기대할 수 있는 종목들이다. 메인스트리트캐피털(MAIN), 토론토도미니언뱅크(TD), 로열뱅크오브캐나다(RY)와 같은 금융주들이나 엑슨모빌(XOM), TC에너지(TRP) 등의 에너지주 등이 여기에 속한다.

고·중배당주 중에는 분기배당이 많고 리츠주, 금융주, 에너지 관련주들이 많다. 이들이 속한 산업을 보면 일상에서 자주 접할 수 있고 오랫동안 발전해 온 분야로, 현재는 어느 정도 성숙단계에 접어든 기업들이라는 것을 알 수 있다.

원래 주가가 많이 오르려면 테슬라(TSLA)나 애플(AAPL)처럼 폭발적으로 성장을 해야 하는데, 그러기 위해서는 벌어들인 돈을 다시 투자금으로 써야 한다. 그만큼 주주들에게 줄 돈이 많지 않다는 의미이기도 하다. 반면 성숙단계에 접어든 고·중배당주 기업들은 영업이익이나 매출이 폭발적으로 성장하지는 않지만 꾸준하다.

물론 CEO에 따라서 배당에 대한 입장이 다를 수는 있다. 회사를 더 키워서 이익을 늘리면 주가가 많이 오를 것이므로 이것이 주주들에게 더 좋다고 여기는 사람이 있고, 반대로 배당금을 꾸준히 많이 주는 게 좋다는 사람도 있다. 이처럼 CEO의 견해에 따라 배당금의 차이는 다소 생길 수는 있지만 기본적으로 고·중배당주에는 안정적인 산업들이 많이 배치되어 있다.

배당수익률 1~2%의 배당성장주

배당수익률은 1~2% 안팎으로 무척 적은 편이지만, 시세차익을 기대해볼 수 있는 종목들은 배당성장주로 분류해놓았다. 심지어 배당수익률이 1%도 안 되는 회사들도 존재한다. 그런데 여기에는 우리가 알고 있는 유명한 기업이 굉장히 많다. 한국의 삼성전자(005930), 미국의 애플(AAPL), 마이크로소프트(MSFT), 스타벅스, 나이키(NKE) 등이 여기에 속한다. 배당성장주는 주로 분기 배당을 하는 경우가 많다.

배당성장주는 당장 배당금을 많이 받기보다는 10년 이상 장기투자를 생각하는 투자자에게 적합하다. 아직 성장 중인 회사들이기 때문에 시세차익이 크게 발생할 수 있는데, 이점을 노려

볼 수 있다.

하지만 단순히 성장가능성만 높다고 포트폴리오에 넣은 건 아니고, 지속적으로 배당삭감 없이 배당금을 늘려온 기업들을 골랐다. 당장의 배당수익률은 적지만 배당금을 지속적으로 늘리고 있으니 오래 보유할수록 배당금은 많아질 것이고 재투자할 경우의 복리효과도 위력을 발휘할 것이다. 여기에 대세상승장이 오면 고배당주와 비교할 수 없을 만큼 커다란 시세차익을 안겨줄 가능성도 크다.

그러나 은퇴를 앞두고 있거나 생활비만큼의 현금흐름이 필요한 사람들에게는 적합하지 않을 수 있다. 대신 장기적으로 보유할 여력이 되는 사회초년생, 소득 활동을 한창 이어나가면서

	초고배당주	고·중배당주	배당성장주
구분 기준	배당수익률 10% 이상	배당수익률 4~5% 수준	배당수익률 1~2% 수준
강점	높은 배당금	적당한 수준의 배당금과 주가성장률	높은 주가성장률
약점	낮은 주가성장률		낮은 배당금
추천 전략	은퇴자 등 가까운 시일 내에 현금흐름을 확보해야 하는 경우	적당한 수준의 안정적 투자를 원하는 경우	당장의 현금흐름보다 장기적 미래를 대비하려는 경우

배당수익률에 따른 배당주 종류 구분

노후를 준비하는 40대 직장인, 어린 자녀들 앞으로 만든 포트폴리오에는 배당성장주의 비중을 높게 가져가는 것이 유리할 수 있다.

참고로 구글의 주식인 알파벳(GOOGl/GOOG)이나 테슬라(TSLA)는 배당금을 아예 안 주기 때문에 여기에 포함하지는 않았지만 성장 가능성이 크기 때문에 추천하고 싶은 좋은 종목이다.

초고배당주는 무엇을 봐야 할까

현재 나의 배당주 포트폴리오에는 50개가 넘는 종목이 들어있다. 그 많은 종목을 왜 선택했는지 하나하나 설명하기는 어렵지만 기본적 원리는 똑같다. 이해하기 쉽도록 내가 실제로 매수한 종목을 어떤 식으로 분석했고, 어떤 요소를 보았으며 어떤 차트 모양이 좋다고 생각했는지 알려드리려고 한다. 이것을 기준으로 여러분도 자기만의 종목을 골라보시길 바란다.

먼저 초고배당주를 고르는 기준부터 시작해보자. 초고배당주는 배당수익률이 10% 이상으로 높은 종목을 말한다. 그러나 배당수익률이 높다고 무조건 투자하는 것이 아니라, 다음과 같은 조건을 충족할 때만 매수하자는 원칙을 가지고 있다.

안전성이 최우선이다

초고배당주는 주가 상승이 굉장히 제한적이다. 그렇다고 다른 종목들의 주가가 떨어질 때 안 떨어지는 것은 아니고, 어느 정도는 같이 떨어진다. 그래서 내가 초고배당주 고를 때 가장 중요하게 생각하는 것이 바로 안정성이다.

초고배당주에는 개별종목도 있지만 ETF 같은 펀드 상품도 많다. ETF(Exchange Traded Fund)란 지수와 연동되는 인덱스 펀드★를 거래소에 상장시켜서 투자자들이 주식처럼 쉽게 사고팔 수 있도록 만든 상품이다.

일반적인 펀드는 한 번 계약하고 투자금을 넣으면 펀드매니저를 통하지 않고는 쉽게 사고팔기 어렵지만 ETF는 펀드이면서 일반 주식처럼 쉽게 사고팔 수 있다. 개별 주식을 고르느라

인덱스 펀드

Index Fund. 다우지수나 코스피200 등 잘 알려진 주가지수에 포함된 종목을 조금씩 담고 있는 펀드. 해당 주가지수의 성과를 그대로 따라가는 특성이 있다.

수고하지 않아도 된다는 펀드 투자의 장점과 언제든지 시장에서 원하는 가격에 매매할 수 있다는 주식 투자의 장점을 둘 다 가지고 있는 상품이다.

그런데 ETF라고 해서 모두 같은 것은 아니다. 수익률 자체는 주가지수를 따라가기 때문에 대부분 비슷하지만 ETF를 만든 금융회사가 여러 곳인 만큼 회사의 운용보수가 모두 다르기 때문이다. 그래서 투자할 때 운용사의 규모나 운용보수를 잘 확인해야 한다. 당연히 운영사의 규모가 크고 어느 정도 알려져 있고 오랜 기간 운용을 잘해온 회사들이 좋다.

배당삭감 이력이 없어야 한다

앞서 말했듯 배당삭감은 배당주 투자에 있어 굉장히 중요한 요소다. 배당금은 기업이 영업활동을 잘해서 벌어들인 이익을 주주에게 나누어주는 것인데 배당금이 줄어든다는 것은 영업이익이 줄어들었다는 의미일 수 있기 때문이다.

어떤 기업의 영업이익이 줄어든 이유는 크게 두 가지로 생각할 수 있다. 첫째, 경기가 전체적으로 좋지 않아서 기업의 영업이익도 줄어드는 경우, 둘째, 경기와 상관없이 기업의 영업활동 자체에 문제가 생긴 경우다. 만약 경기침체 때문이라면 경기가 다시 좋아졌을 때 회복이 될 것이므로 걱정이 덜 하지만, 해당 기업의 자체적인 이슈 때문이라면 큰 문제다. 그래서 반드시 영업이익이 줄어든 원인을 명확히 확인해야 한다.

과거에 배당삭감이 잠깐 있었더라도 회복한 다음에 더 증가한 경우라면 괜찮다. 초고배당주 중에는 2007년 발생한 서브프라임모기지 사태 때 배당삭감이 일어났던 기업이 많다. 국제금융시장에 신용경색을 불러일으킨 전 세계적 금융위기였기 때문에 많은 회사가 엄청난 손실을 입었고 일부는 파산하기도 했다. 이런 상황에서는 일시적으로 배당삭감이 일어나는 게 어쩌면 자연스러운 일이다. 그래서 나는 이 시기에 일시적으로 배당삭감을 했더라도 시장이 회복한 다음에 더 증가한 경우라면 괜찮다고 판단하고 포트폴리오에 포함했다.

박스권 종목이 좋다

'박스권'이라는 말을 들어봤을 것이다. 차트를 봤을 때 주가가 마치 박스 안에 갇힌 것처럼 일정한 폭 안에서만 왔다 갔다 하는 구간을 박스권이라고 한다. 예를 들어 주가가 1만 원에서 1만5,000원 사이를 벗어나지 못한 채 오르락내리락한다면 1만 원과 1만5,000원 사이의 박스권이라고 한다.

좋은 초고배당주를 고르기 위해서는 주가가 조금이라도 계속 오르고 있거나 최소한 박스권을 형성하고 있는 종목을 선정해야 한다. 그래야 배당금도 받으면서 주가 하락으로 인한 손실을 피할 수가 있다.

박스권을 형성하고 있는 경우 그 종목을 언제 사면 좋을지도 쉽게 알 수 있다. 주가가 박스권 상단에 왔을 때는 기다리고, 하단으로 떨어졌을 때 꾸준히 사 모으면 되기 때문이다. 모든 투자가 그렇듯 쌀 때 사는 게 가장 좋다.

의외라고 생각할 수 있지만 배당을 많이 주는 회사 중에는 지속적으로 우하향하는 종목이 많다. 이것은 그 회사가 영업이익을 잘 내고 있지 못하다는 뜻으로 볼 수 있다. 이런 기업은 아무리 배당을 많이 준다고 해도 피하는 게 낫다.

간혹 배당수익률이 높은지만 보고 무조건 투자하는 경우가 있다. 하지만 여기에는 함정이 있다. 배당수익률은 '주가 대비 배당금의 비율'이기 때문에, 배당금은 똑같은데 주가가 떨어지면서 배당수익률이 높아지는 착시현상이 일어난다. 그러다가 주가가 야금야금 계속 떨어지면 어느새 내가 투자한 원금에 손실이 일어난다.

그래서 초고배당주를 고를 때는 꾸준히 우상향하고 있거나 최소한 박스권을 그리고 있는 종목이어야 한다. 내가 담아둔 초고배당주를 꾸준히 관찰하다가 계속해서 주가가 하락하면 포트폴리오 점검이 필요하다.

배당수익률만 봤다간 큰일난다

다시 한번 이야기하지만, 배당수익률에만 집착하면 원금손실이 발생할 수 있다. 앞서 배당수익률에 대한 착시를 좀 더 자세히 설명하면 이렇다.

어떤 종목의 주가가 50달러였고 당시 배당금은 5달러였다고 가정해보자. 그런데 주가가 점점 40달러, 30달러, 20달러…로 하락한다. 이럴 때 배당금도 4달러, 3달러, 2달러…로 비례해서 떨어지는 경우도 있지만 실제로는 5달러, 4.5달러, 4달러… 이런 식으로, 떨어지는 폭이 적은 경우가 있다.

이럴 경우의 주당 배당수익률을 계산해보면, 주가가 50달러일 때 배당금이 5달러이면 배당수익률은 10%다. 그리고 주가가 40달러일 때 배당금이 4.5달러이면 배당수익률은 11.25%, 주가 30달러일 때 배당금이 4달러이면 배당수익률은 13.33%가 된다. 주가와 함께 배당금이 줄어들었는데도 배당수익률은 오히려 올라간 것이다.

많은 사람이 투자하고 있는 코너스톤스트래티직밸류펀드(CLM)라는 종목은 2012년 말 기준 주가가 24달러였고 배당금은 주당 5.32달러로, 배당수익률은 22.2%였다. 그런데 10년 뒤인 2022년 말 기준 주가는 7.37달러가 되었고 배당금도 주당 2.17달러로 크게 하락했다. 하지만 2022년 배당수익률을 계산해보면 29.4%로 오히려 상승했다.

CLM의 2012년 배당수익률

= (주당배당금 ÷ 주가) × 100

= (5.32달러 ÷ 24달러) × 100

= 약 22.2%

CLM의 2022년 배당수익률

= (주당배당금 ÷ 주가) × 100

= (2.17달러 ÷ 7.37달러) × 100

= 약 29.4%

이러한 착시효과 때문에 절대 배당수익률만 보고 투자를 하면 안 된다. 연 배당수익률이 10%로 높다고 해도 주가 하락률이 15%라면 오히려 손실이 발생하는 투자다. 배당주 투자를 할 때는 배당수익률과 주가 흐름, 회사 경영상태 등을 종합적으로 봐야 한다.

전작에도 자세히 썼지만 나는 일반 주식에 투자할 때도 그 회사 회사가 영업을 얼마나 잘하고 있는지, 주가가 우상하고 있는지 등을 중요하게 본다. 이 기본 원칙은 배당주에도 똑같이 적용된다. 배당주도 주식이기 때문에 이런 기본 원칙들은 굳이 설명하지 않아도 살펴야 하는 공통 사항이다.

실전분석

초고배당주 살펴보기

실제로 내가 투자한 종목 일부를 공개해보겠다. 당연한 말이지만 이 종목들을 따라서 매수하라는 것이 아니라, 내가 어떤 식으로 종목을 분석해서 고르는지를 눈여겨보라는 뜻이므로 오해 없길 바란다.

구겐하임펀드(GOF)

먼저 소개할 종목은 흔히 '고프'라고 부르는 구겐하임펀드(GOF)라는 종목이다. 이름에서 알 수 있듯 구겐하임이라는 회사에서 운영하는 펀드 상품으로, 미국의 대형 운용사 중 하나다.

다양한 채권에 투자하고 있는 폐쇄형 펀드이기도 한데, 폐쇄형 펀드란 일정 기간 자금을 유치해서 만기까지 환매를 할 수 없는 펀드를 말한다. 또한 정해진 수의 주식만 발행하고 추가 발행을 제한한다.

폐쇄형 펀드는 환매가 안 되기 때문에 개방형 펀드에 비해 환금성이 떨어진다는 단점이 있지만 이를 보완하기 위해 주식 시장에 ETF 형태로 상장시켜서 일반 주식처럼 거래할 수 있게 만든다. 이점은 폐쇄형 펀드에서 가장 중요한 특징이다. 개방형 펀드의 경우 투자한 사람이 투자를 중단하고 싶으면 언제든지 환매 요청을 할 수 있고, 운용사는 고객의 요청에 따라서 펀드를 환매해야 한다. 그런데 만약 환매를 요청한 투자자들이 많아지면 어떨까? 많은 물량을 팔아야 하므로 주가가 하락할 위험이 크다. 반면 폐쇄형 펀드는 이런 위험을 원천 봉쇄하고, 나중에 만기가 되었을 때 최종적으로 수익화할 수 있는 권리만 사고팔 수 있기 때문에 비교적 안정적이다.

구겐하임펀드의 2022년 말 배당수익률은 13.54%로 굉장히 높은 편이고, 월배당을 한다. 종목을 분석할 때 중요하게 확인해야 하는 배당금 지급 내역(Dividend History)을 살펴보자. 다음 그림은 구겐하임펀드의 배당금 지급 내역인데 배당금이 크게 늘지는 않았지만 꾸준히 지급하다가 조금 늘었고 그 이후에 또 꾸준히 지급하는 모습을 보이고 있다. 배당금을 일정하게 유지하거나 조금씩 늘리고 있으며 배당삭감도 일어나지 않았음을 알 수 있다. 배당성장이 거의 없는 게 단점이긴 하지만 초고

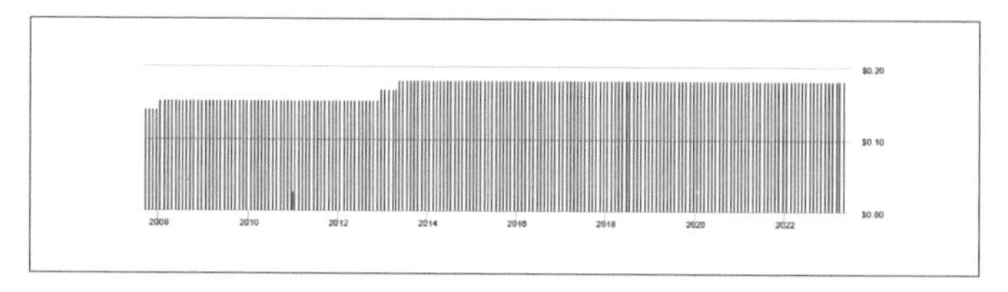

구겐하임펀드의 주당배당금 추이
(출처: seekingalpha.com)

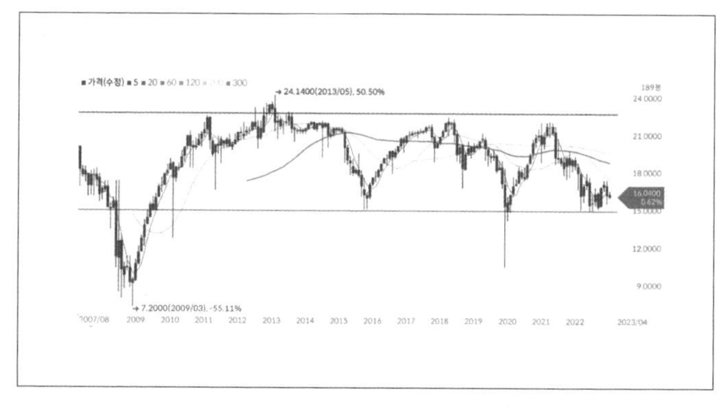

구겐하임펀드의 주가변동 추이
(출처: 삼성증권)

배당주 투자는 안정적으로 많은 배당금을 받는 것을 목적으로 하기 때문에 이 정도면 굉장히 만족할 만한 수준이다.

주가 변동 역시 크지 않다. 차트를 보면 위아래로 검은 선을 그려놨는데 주가가 그 안에서 왔다 갔다 하는 모습을 볼 수 있다. 즉, 박스권의 흐름을 보이고 있다. 구겐하임펀드는 이렇게 주가 변동이 폭이 크지 않고 장기 박스권을 유지하는 전형적인 초고배당주의 특징을 가지고 있다.

장기 박스권이 유지되면 주가 자체가 크게 오르지는 않는다는 뜻이고, 팔아서 시세차익을 남기기 어렵다는 의미이기도 하다. 하지만 이런 초고배당주에서 시세차익까지 바라는 건 사실 욕심이다. 배당금을 안정적이면서도 상대적으로 많이 받는 데 목적을 둔 종목이기 때문이다.

그러나 주가는 계속 오르기만 하지도 않고, 계속 떨어지기만 하지도 않는다. 대세상승기가 오면 이런 초고배당주로도 시세차익을 어느 정도 볼 수 있다. 물론 나는 시세차익이 목적이 아닌 만큼, 돈이 급한 일이 생기지 않는다면 계속 보유할 예정이다.

이런 종목은 매수하기도 쉬운 편이다. 박스권 상단인 22.5달러, 하단인 14.8달러에 직선을 그어놓고 적당한 가격으로 떨어졌을 때 매수하면 된다. 나는 17달러 밑으로 내려왔을 때 분할매수하여 적은 투자금으로 안정적인 배당수익을 노렸다. 보통, 주가가 상승하는 모습을 보면 조바심 느끼면서 추격 매수를 하게 된다. 제발 그러지 말고 매수 버튼을 누르려는 손가락을 잘 단속하면서 차분하게 마음을 가다듬고 기다렸다가 17달러 아래로 떨어지면 그때부터 분할 매수를 하면 된다.

차트를 보면 2020년도에 주가가 많이 떨어진 적이 있다. 바로 코로나19 팬데믹 시기였다. 만약 이때 매수했으면 배당수익률은 20%가 넘을 것이다. 마찬가지로 서브프라임모기지 사태가 있었던 2008~2009년에도 주가가 많이 떨어진 적이 있다. 여기서 중요한 것은, 이 종목이 그런 상황에서도 살아남았다는 점이다. 그만큼 탄탄한 종목이라고 판단했다. 국제금융위기로 타격이 컸던 시기를 잘 이겨낸 종목은 대부분 괜찮은 종목들이다.

참고로 이 종목은 ETF이기 때문에 운용보수가 있다. ETF 전체 운용액 중에서 비용이 차지하는 비율은 약 1.83%로 높은 편이긴 하다. 운용보수는 해당 ETF를 매수할 때 자동으로 그 회사에 지급되는 비용을 말하는데, 실제로는 투자자가 직접 지급한다기보다는 주가에 이미 반영되어 있다고 보는 게 맞다.

허큘리스캐피털(HTGC)

허큘리스캐피털(HTGC)이라는 회사는 다양한 벤처 기업에 자금을 제공하고 이자를 받아 이익을 얻는 캐피털 회사다. 이 회사는 BDC(Business Development Company)에 포함되어있는 종목이다. BDC란 비상장 스타트업 회사나 벤처기업에 전문적으로 투자하는 투자목적회사를 말하는데, 미국에서 BDC에 속하는 회사들은 전체 대출자산의 70% 이상을 대출(투자)해야만 한다. 그리고 법인세를 대폭 감면받는 대신 수익의 90% 이상을 주주에게 배당해야 한다. 그래서 이 회사도 고배당 지급이 가능한 것이다.

현재 배당수익률은 12.93%로 굉장히 높은 편이다. 이 회사는 서브프라임모기지 사태 때 배당삭감이 있었지만 2010년부터는 배당금을 안정적으로 지급하고 있다. 심지어 코로나19 팬데믹 때에도 배당삭감을 하지 않았다. 이렇게 안정적인데다 배당수익률도 좋다는 점이 매력적이라 생각하고 매수했다. 게다가 현재 고배당을 지급하고 있음에도 불구하고 배당금을 꾸준히 늘리고 있다. 이 회사는 2010년에 주당 배당금이 0.8달러였는데 현재는 1.92달러로 약 2.4배 정도 상승했다.

회계자료를 살펴보면 매출액과 영업이익이 꾸준히 우상향하고 있다. 부채 비율도 40%에서 50% 정도로 안정적이라고 볼 수 있다. 나는 이런 기업을 굉장히 좋아한다.

차트를 살펴보면 이 종목 역시 장기 박스권을 유지하는 것을 알 수 있다. 코로나19 팬데믹 상황에서도 주가가 빠르게 회복

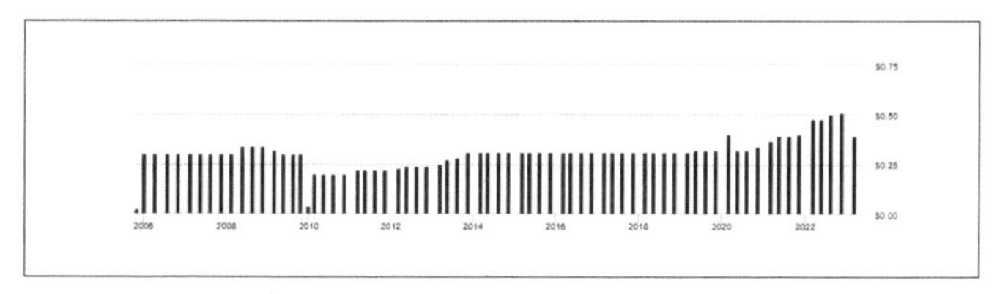

허큘리스캐피털의 주당배당금 추이

(출처: seekingalpha.com)

허큘리스캐피털의 주가변동 추이

(출처: 삼성증권)

했다. 내가 이 종목의 분할매수를 시작했을 때가 13.53달러였는데, 여기서 더 떨어지지 않고 다시 올라버렸다. 박스권 하단에 오면 추가로 매수할 예정이다.

고·중배당주는 무엇을 봐야 할까

고·중배당주는 배당수익률이 5% 안팎으로 비교적 높으면서, 주가 상승으로 인한 시세차익도 어느 정도 기대할 수 있는 종목을 말한다. 물론 이것은 나의 기준이고, 각자가 추구하는 스타일에 따라 다른 방식으로 분류할 수도 있다. 그렇다면 고·중배당주로 분류하기 위해서는 어떤 분류 기준으로 판단해야 할까?

주가가 장기우상향해야 한다

고·중배당주는 배당금뿐만 아니라 시세차익도 얻을 수 있어야 하기 때문에 주가가 평균 10년 이상 장기우상향하고 있는 종목이어야 한다. 이런 회사는 매출과 영업이익도 안정적으로 우상향하고 있을 가능성이 크다.

또한 하향 추세에 있는 종목보다는 상승 추세에 있는 종목을 선호하는 편이다. 주가는 흐름이 중요하기 때문에 상승 추세에 있는 종목이 계속해서 상승할 가능성이 크기 때문이다.

배당삭감 이력이 없어야 한다

고·중배당주도 초고배당주와 마찬가지로 배당삭감 이력이 없는지 꼭 확인해야 한다. 계속 강조하지만 배당주 투자의 핵심은 안정적인 현금흐름 창출이다. 고·중배당주가 배당금과 시세차익이라는 두 마리 토끼를 노리는 종목이라지만 기본적으로 배당금은 경기 여건에 상관없이 안정적으로 들어와야 한다.

특히 과거에 배당삭감을 한 적이 있는 기업은 경영이 안 좋아지면 또다시 배당삭감을 할 가능성이 크다. 물론 대규모의 경기 불황으로 인한 일시적인 배당삭감은 어쩔 수 없을지 모른다. 예를 들어 1998년 아시아 금융위기(IMF 사태), 2000년 IT버블 붕괴 사태, 2008년 서브프라임모기지 사태 등 거대한 위기로 인한 배당삭감은 예외로 봐야 한다.

하지만 그런 위기 속에서도 배당삭감을 최소화하거나 아예 하지 않은 기업들도 분명히 존재한다. 안정적인 현금흐름을 위해서는 이런 기업에 투자해야 한다.

매출액과 영업이익을 확인한다

주가는 여러 가지 대내외적 상황에 영향을 받아 끊임없이 오르락내리락한다. 하지만 장기적인 추세는 분명히 존재하는데, 나는 그러한 장기적 추세는 결국 기업실적을 따라간다고 생각한다. 그렇기 때문에 매출액과 영업이익이 꾸준히 우상향하는지 확인하는 습관이 매우 중요하다.

추세를 확인하기 위해서는 재무제표 등의 회계 자료를 봐야 하는데, 장기적인 추세를 보려면 1~2년 단위가 아니라 최소 10년 이상의 자료를 꼼꼼히 확인해 보는 노력이 필요하다.

우리나라 기업의 재무제표는 흔히 '다트'라 불리는 금융감독원 전자공시시스템(https://dart.fss.or.kr)에서 무료로 찾아볼 수 있으며, 미국 기업의 재무제표는 인베스팅닷컴(https://kr.investing.com), 매크로트렌드(https://www.macrotrends.net),

스톡애널라이시스(https://stockanalysis.com), 스톡로(https://stockrow.com) 등의 사이트에서 찾아볼 수 있다. 재무제표를 처음 보면 굉장히 복잡해 보이겠지만 결국 중요하게 확인할 것은 매출액의 추이와 영업이익의 추이 정도이므로 회계지식이 없더라도 몇 번 하다 보면 금방 익숙해질 수 있다. 무엇을 어떻게 볼 것인지는 뒤에서 다시 설명하도록 하겠다.

분산하되 제대로 해야 한다

보통 배당금을 많이 주는 섹터는 부동산 리츠주나 금융주들이다. 그래서 배당금을 높이기 위해 이런 쪽에 몰아서 포트폴리오를 구성하는 사람들이 꽤 많다. 하지만 리스크 관리를 위해서는 한 산업에 집중되지 않도록 적절하게 분산하는 게 좋다.

분산투자하라고 하면 단순히 여러 회사를 사는 것이라고 생각하는 분이 많은데, 그것은 정확한 의미의 분산투자가 아니다. 예를 들어 은행주를 다섯 종목 샀다면? 이건 분산이 아니라 금융산업이라는 한 섹터에 투자를 한 것이다. 내가 말하는 분산투자는 산업별로 나누는 것이다.

주식 투자를 해본 사람이라면 알겠지만 주가는 섹터별로 돌아가면서 오르내리는 순환매가 일어나는데, 한두 가지 산업에만 집중적으로 투자를 해두면 그 산업에 폭락이 왔을 때 가진 주식 대부분이 박살나게 된다. 하지만 여러 산업군에 분산 투자를 하고 있으면 한 섹터가 무너져 내려도 다른 섹터가 버텨주기 때문에 견딜 수가 있다. 문제는 내가 가진 거의 모든 종목이 한 번에 하락해 버릴 때다. 그러면 도저히 멘탈 관리가 힘들다. 그래서 분산을 잘해야 한다.

상황에 따라 배당금 지급 시기도 분산이 필요하다. 어떤 분의 포트폴리오에서 반기배당을 하는 주식에만 투자를 해둔 것을 보았다. 그러면 마치 명절 수당 받듯이 1년에 두 번만 배당금을 받고, 나머지 달에는 계속 배당금이 없다. 그게 나쁘다는 것은 아니지만 만약 배당금으로 생활비를 충당하겠다는 계획을 세운 분이라면 1년에 두 번만 돈을 받는 구조가 썩 좋지는 않다.

물론 한 번 받을 때마다 다음 배당금 지급 때까지 지출 계획을 잘 세워서 관리할 수도 있겠지만 쉬운 일은 아니다. 명절상여금이나 성과상여금을 받았을 때를 생각해보자. 한 번에 들어오는 그 뭉칫돈을 잘 관리하며 몇 달에 걸쳐 조금씩 쓰는 것이 과연 쉬웠는지 말이다. 오히려 목돈이 들어오면 그에 맞춰 무언가를 사거나, 여행을 가거나, 혹은 꼭 그 타이밍에 돈 들어갈 일이 생겨서 순식간에 흩어지는 경험을 한 번쯤 해보았을 것이다.

그래서 월배당, 분기배당, 반기배당 주식을 적절히 잘 분배하는 것이 좋은 전략이라고 생각한다. 약간의 편차는 있더라도 매달 지급되는 배당금이 있게끔 구성한다면 노후가 크게 걱정되지는 않을 것이다.

실전분석

고·중배당주 살펴보기

이번에도 내가 투자한 종목을 가지고 어떤 식으로 고·중배당주에 투자했는지를 보여드리려고 한다. 자신의 상황에 맞게 어떻게 활용할지를 염두에 두고 읽어보셨으면 좋겠다.

한국기업평가

이번에는 국내 기업을 하나 소개해드릴까 한다. 신용평가사 중 하나인 한국기업평가라는 회사다. 세계 3대 신용평가사는 피치, 스탠더드앤드푸어스(S&P), 무디스를 꼽는데 우리나라에도 3대 신용평가 회사가 있다. 한국기업평가, 나이스신용평가, 한국신용평가가 그 회사들이다. 국내에서는 이 세 개 회사가 약 33%씩 과점 상태로 시장을 지배하고 있다. 그중에서도 이번에 소개할 한국기업평가는 피치 사가 최대주주로 참여하고 있기도 하다.

기업의 신용평가는 주가에 엄청난 영향을 미치기 때문에 평가하는 주체의 신뢰도와 전문성이 매우 중요할 수밖에 없다. 그 정도의 역량이 갑자기 어느 한순간에 이루어지는 게 아니기 때문에 이 업계는 진입 장벽이 높다. 실제로 한국기업평가의 영업이익률은 30%대로 굉장히 높은 편이고 부채 비율도 30%대로

구분	2013	2014	2015	2016	2017	2018	2019	2020
매출액	644	614	665	743	785	842	927	959
영업이익	163	162	158	209	240	254	316	327

한국기업평가의 매출액 및 영업이익 추이
(단위: 억 원 / 출처 : 아이투자)

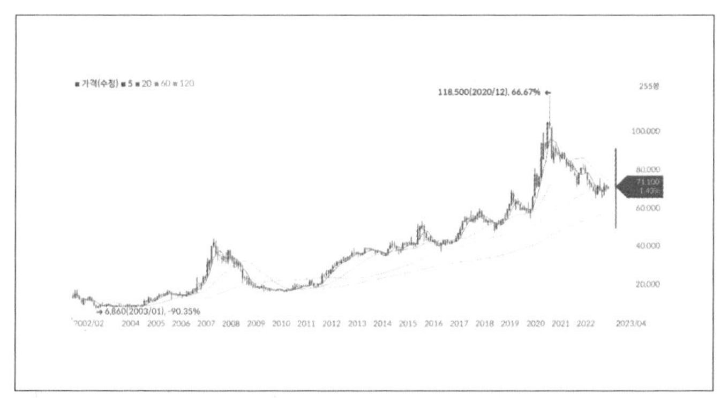

한국기업평가의 주가변동 추이
(출처: 삼성증권)

안정적이다.

배당금은 2015년 이후로 지속적으로 증가했는데 2015년에 1,537원이었던 것이 2023년에는 5,000원이 되었다. 여기에 가끔 특별배당을 주기도 한다. 생각지도 않았던 특별배당을 받으면 마치 다니던 회사에서 보너스 받은 기분이 들 것이다.

차트를 보면 이 종목의 주가는 장기 우상향 중인 모습을 볼 수 있다. 최고점은 11만8,000원으로 10년 전과 비교하면 여섯 배까지 올랐던 종목이라서 가격이 많이 떨어질 때마다 모아두면 괜찮다고 생각한다.

코젠트커뮤니케이션스홀딩스(CCOI)

코젠트커뮤니케이션스홀딩스(CCOI)는 북미와 유럽의 중소기업 및 통신 서비스 제공 업체를 상대로 고속 인터넷 액세스 및 프로토콜 통신 서비스를 제공하는 회사다. 인터넷과 통신은 이제 우리 삶에 없으면 안 될 필수 서비스가 되었기 때문에 앞으로 오랫동안 안정적인 성장이 가능하다고 본다. 2023년 현재 배당수익률은 5.36%이고 1년에 네 번씩 분기배당을 한다.

매출액과 영업이익이 안정적으로 꾸준히 우상향 중이며 영업이익률은 18~19% 수준을 안정적으로 유지하고 있다. 게다가 2012년부터 10년 동안 연속해서 배당금을 늘리고 있다는 점도 매력적인 종목이다. 주당배당금은 약 8.4배 상승했다.

주가는 장기 우상향하고 있다. 이런 종목을 장기보유한다면 보유하는 기간 동안 안정적인 배당수익을 얻을 수 있고 나중에 주가가 많이 올랐을 때 매도하면 시세차익도 함께 가져갈 수 있다.

구분	2013	2014	2015	2016	2017	2018	2019	2020	2021	2022
매출액	348	380	404	447	485	520	546	568	590	600
영업이익	46	54	52	64	76	87	100	107	119	114

코젠트커뮤니케이션스홀딩스의 매출액 및 영업이익 추이
(단위 : 백만 달러 / 출처 : stockanalysis.com)

코젠트커뮤니케이션스홀딩스의 주가변동 추이
(출처: 삼성증권)

쓰리엠(MMM)

미국 주식을 공부하다 보면 우리가 흔히 아는 회사 중에도 정말 좋은 종목이 많다는 것을 알 수 있다. 그중 하나가 쓰리엠(MMM)인데, 대표 상품인 포스트잇부터 시작해서 각종 문구류나 청소용품까지 상품이 굉장히 다양하다. 쓰리엠에서 나오는 제품의 가짓수가 약 6만여 종이라고 하니 대체 안 만드는 게 뭔가 싶을 정도다.

쓰리엠은 무려 66년 연속으로 배당금을 꾸준히 증액시켜 온 '배당킹'이다. 2010년 주당배당금이 2.1달러였는데 2023년 6달러로 2.8배 정도 상승을 했다. 배당수익률은 5.67%이고, 분기배당을 하고 있다. 주가를 보면 시세차익은 다소 아쉬운 점이 있다. 그렇지만 매출액이나 영업이익이 꾸준히 우상향하고 있고 영업이익률이 20%대로 괜찮은 수준이다. 장기적으로는 우상향 중이지만 조정을 받기도 한다. 매수하기 부담 없는 가격이라면 고려해볼 만하다.

현재는 배당금이 오르는 비율, 즉 배당성장률이 좀 떨어지긴 했다. 하지만 생각해보면 66년 동안 계속해서 배당금을 늘려왔는데, 계속해서 10%씩, 20%씩 배당을 늘릴 수 없다는 건 어찌 보면 자연스러운 일이다. 배당금뿐 아니라 시세차익을 함께 노

구분	2013	2014	2015	2016	2017	2018	2019	2020	2021	2022
매출액	30,871	31,821	30,274	30,109	31,657	32,765	32,136	32,184	35,355	34,229
영업이익	6,666	7,135	6,946	7,027	7,692	7,207	6,174	7,161	7,369	6,539

쓰리엠의 매출액 및 영업이익 추이

(단위 : 백만 달러 / 출처 : stockanalysis.com)

쓰리엠 주가변동 추이

(출처: 삼성증권)

리는 고·중배당주로 많은 비중을 두기에는 다소 부담스럽지만 안정적인 포트폴리오를 위해서 추가한 종목이다.

메인스트리트캐피털(MAIN)

메인스트리트캐피털은 비상장기업과 중소기업에 투자하고 있는 캐피털 회사다. 국내에서 배당주 투자하면 꼭 언급되는 회사가 리얼티인컴(O)인데, 그 회사와 비슷한 급이라고 보면 된다.

메인스트리트캐피털은 2023년 현재 배당수익률이 6.83%고 월배당을 지급하고 있다. 2007년 첫 배당금을 지급한 이래로 꾸준히 배당금을 증액시킨 종목이다. 2010년 주당 배당금이 1.5달러였는데 2023년 현재 2.95달러를 지급하고 있으니 약 1.9배 정도 상승한 셈이다. 매출액과 영업이익 역시 꾸준히 우상향하고 있는 종목이다. 뿐만 아니라 중간중간에 특별배당도 기대할 수 있다.

주식 차트를 보면 코로나19 팬데믹 때 크게 폭락했다가 회복하고 주가가 많이 오른 상태다. 폭락 시기에 샀으면 무척 좋았을 주식이다. 배당수익률도 좋고 시세 상승도 꽤 많이 했으니 말이다. 과거에 내가 주위 사람들에게 "지금 사야 된다"고 이야기할 때 많은 분이 두려움에 선뜻 매수하지 못했다. 하지만 시간이 흘러 주가가 많이 오른 후 뒤늦게 후회하는 분들을 종종 보게 된다.

2023년에는 좀 많이 올라서 매수하기에는 부담되는 가격에 와 있다. 이럴 때는 바로 매수하기보다는 좀 기다리라고 말씀드리고 싶다. 나 역시도 기다리고 있다가 조정이 오면 그때 매수

구분	2013	2014	2015	2016	2017	2018	2019	2020	2021	2022
매출액	117	141	165	178	206	233	243	223	289	377
영업이익	96	119	139	149	172	200	206	188	242	324

메인스트리트캐피털의 매출액 및 영업이익 추이

(단위 : 백만 달러 / 출처 : stockanalysis.com)

메인스트리트캐피털 주가변동 추이

(출처: 삼성증권)

를 하면서 모으고 있다. 조급할 필요는 없다. 다시 기회가 왔을 때 놓치지 않으면 된다. 그래서 공부를 미리미리 해 두어야 하고, 무엇보다 투자할 종잣돈 마련도 해두어야 한다.

리얼티인컴(O)에 투자하는 건 어떠냐고 질문하는 분들이 많은데, 개인적으로는 좋은 종목이라고 생각해서 일부 매수를 했다. 다만 조정이 왔을 때 주가가 내려가면서 리얼티인컴(O)보다 배당수익률이 높아진 좋은 기업들이 많이 생겨나다 보니 다른 종목들부터 사 모았을 뿐이다. 그렇다고 굳이 팔 이유는 없다고 생각해서 보유는 하고 있고, 혹시 나중에 또 살만한 가격이 왔다 싶으면 매수할 계획이다.

내가 언급하지 않거나 사지 않는다고 안 좋은 종목이라는 뜻이 아니라는 것을 반드시 기억해주기 바란다. 투자는 어디까지나 각자의 상황과 기준에 맞춰서 해야 한다.

배당성장주는 무엇을 봐야 할까

이제 배당성장주에 대해 이야기해보자. 배당성장주는 배당률이 1~2% 정도로 낮아서 배당금은 거의 기대하지 않는 게 좋을 정도지만, 앞으로 배당금과 주가가 크게 성장할 가능성이 높은 성장주이기 때문에 장기적으로 봐야 한다. 특히 지속해서 배당을 늘리는 주주 친화적인 기업이라면 미래를 위해서 기꺼이 투자할 만하다.

내가 배당성장주에 투자하는 이유는 현재 배당금이 적더라도 미래에 배당수익률이 상승할 것을 기대하기 때문이고, 동시에 큰 시세차익의 가능성을 중요하게 생각하기 때문이다. 그래서 일반적인 주식 투자와 비슷한 기준으로 종목을 고를 수도 있지만, 배당주에 속하기 때문에 추가로 봐야 할 것들이 있다. 이제부터 하나씩 살펴보자.

성장 가능성이 중요하다

배당성장주는 현재의 배당금보다 미래의 배당수익률과 시세차익에 중점을 두고 고르는 종목이기 때문에 그 기업의 성장 가능성을 무척 중요하게 살펴야 한다. 이를 위해서 역시 매출액과 영업이익을 살펴봐야 하는데, 초고배당주나 고·중배당주는 단순히 우상향하고 있는지를 확인하는 차원이었다면 배당성장주는 좀 더 구체적으로 봐야 한다.

특히 매출액의 증가율이 얼마나 높은지를 꼭 확인한다. 성장형 기업들은 벌어들인 돈으로 재투자를 많이 하기 때문에 영업이익률이 상대적으로 낮을 수도 있다. 하지만 전체 규모를 보여주는 매출액만큼은 줄어들어서는 안 된다. 따라서 과거 몇 년 동안 매출액이 증가하고 있는지, 얼마나 증가했는지, 어떤 산업을 중심으로 성장하고 있는지 등을 확인해야 한다.

독점적 지위가 있는지 확인한다

어떤 기업의 주가가 장기적으로 크게 상승하려면 해당 분야에서 독점지위를 갖고 있는지를 꼭 확인해야 한다. 압도적인 기술력이 있거나, 브랜드파워가 있거나, 다른 기업들이 쉽게 따라하지 못할 강점이 반드시 있어야 한다.

이런 기업들이 생산하는 상품이나 서비스는 보통 높은 가격에 팔리는 경우가 많다. 소비자들도 기꺼이 높은 가격을 주고 해당 상품이나 서비스를 소비하기 때문에 매출액 증가율과 영업이익률이 매우 높다.

장기보유가 가능한지 고려한다

해당 기업의 주식을 장기보유할 수 있는 지 여부는 주식을 매수할 때 중요한 요인이다. 주가가 낮은 성장주가 충분히 높은 가격까지 올라가려면 어느 정도 시간이 필요하다. 그래야 원하는 만큼의 수익을 가져올 수 있기 때문이다.

시세차익만 기대하는 일반 주식은 사고팔기를 반복하는 이른바 '사팔사팔'로 수익을 올리기도 한다. 하지만 배당성장주는 그러면 안 된다. 조금만 올라도 떨어질까 두려워서 팔아버린다거나 분위기가 안 좋다고 겁이 나서 손절해버리면 곤란하다. 충분히 조사하고 분석해서 확신할 만큼 좋은 기업을 선정했다면 일시적인 상승이나 하락에 신경 쓸 필요는 없다.

배당성장주는 배당금이 적기 때문에 빠르게 현금흐름을 만들고자 하는 분이라면 포트폴리오에 너무 큰 비중으로 담을 필요는 없다. 하지만 나는 현금흐름 극대화 못지않게 노후자산 축적도 중요하게 생각하기 때문에 장기 보유할수록 수익을 극대화해줄 수 있는 배당성장주의 비중을 높게 가져가는 편이다.

배당성장주의 비중을 줄이고 초고배당주나 고·중배당주로만 포트폴리오를 구성했다면 '배당금으로 월 500만 원 만들기'라는 목표는 벌써 달성이 되었을지도 모른다. 하지만 투자를 하루 이틀만 하고 말 것이 아니니 미래를 위해서 당장의 욕심을 적당히 다스릴 줄 알아야 한다.

실전분석

배당성장주 살펴보기

배당성장주는 특히 꼼꼼히 살펴보고 고르는데, 여기에 예시로 든 종목들은 그만큼 열심히 분석하고 매수한 것들이라고 생각해도 좋다. 물론 내가 어떤 종목을 샀는지보다는 그 종목을 어떤 이유로 매수하게 되었는지를 함께 살펴보고 배당주를 공부하는 데 도움이 되길 바란다.

비자(V)

비자(V)는 개인적으로 정말 좋아하는 기업이다. 나는 아들에게 일정 금액을 증여하고 그 돈으로 주식 계좌를 만들어주었다. 갑작스럽게 닥친 팬데믹으로 주가가 곤두박질칠 때 아들 계좌에 제일 먼저 넣어준 종목이기도 하다.

지갑에서 신용카드를 꺼내 보면 오른쪽 하단에 둘 중 하나가 쓰여있을 것이다. 비자 아니면 마스터카드. 이처럼 비자(V)는 전 세계 200여 개 국가에서 사용되며 국제신용결제의 약 60%를 차지하고 있고 미국 내 신용카드 결제 규모의 약 53%를 점유하고 있다.

2023년 현재 배당수익률은 0.77%로 1%가 좀 안 된다. 그렇지만 2008년부터 14년 연속으로 배당금을 증액하고 있다. 2009년 주당 배당금은 0.11달러였는데 2023년에는 약 1.58달러로

구분	2013	2014	2015	2016	2017	2018	2019	2020	2021	2022
매출액	11,778	12,702	13,850	15,082	18,358	20,609	22,977	21,846	24,105	29,310
영업이익	7,239	7,697	9,064	7,883	12,144	12,954	15,001	14,081	15,804	18,813

비자의 매출액 및 영업이익 추이
(단위 : 백만 달러 / 출처 : stockanalysis.com)

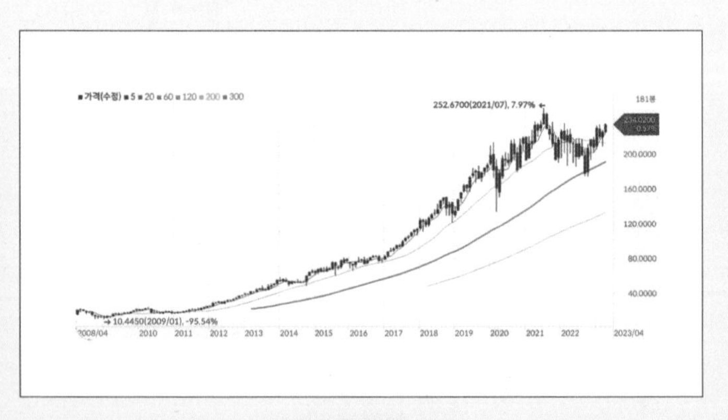

비자의 주가변동 추이
(출처: 삼성증권)

약 13배 증가했고 주가는 10배가 상승했다.

매출액과 영업이익은 지속해서 상승하고 있는데, 2022년 영업이익률은 무려 64.19%이다. 압도적인 수치다. 앞에 언급한 종목들의 영업이익률은 20~30%였고 이것도 높다고 했는데 말이다.

주가 차트를 보면 정말 아름다울 지경이다. 처음부터 지금까지 쭉 우상향하고 있으니 말이다. 최근 미국이 기준금리를 올리면서 대규모 조정이 일어났을 때도 비자의 주가는 얼마 안 떨어진 것을 볼 수 있다. 테슬라를 비롯한 기술주들이 엄청나게 떨어진 반면 비자는 별로 떨어지지 않았다.

이처럼 비자는 주식 시장이 폭락해도 하방경직성이 매우 강한 편이다. 즉, 다른 종목에 비해서 떨어지는 폭이 적다는 뜻이다. 그러다 보니 팬데믹 때 엄청 저렴하게 매수한 덕분에 이후에 조정이 오든 금리가 오르든 아들의 계좌는 수익률이 계속 플러스 상태를 유지하고 있다.

그걸 보면서 다시 한번 절실히 느꼈다. 역시 주식은 쌀 때 사야 한다고 말이다. 이렇게 하방경직성이 강한 것도 내가 비자를 좋아하는 이유 중 하나다.

무디스(MCO)

무디스(MCO) 역시 내가 좋아하는 종목인데, 아마 많은 분들이 뉴스에서 한 번쯤은 들어보셨을 것이다. 무디스는 스탠더드앤푸어스(S&P), 피치와 함께 세계 3대 신용평가회사로 꼽힌다. 기업뿐 아니라 국가의 신용등급까지 평가하는 막강한 영향력을 가진 회사다.

2023년 현재 배당수익률이 1.02%로 1%를 약간 넘는다. 매출액과 영업이익은 지속적으로 상승하고 있는데 영업이익률이 40%나 된다. 또한 2009년부터 13년 연속으로 배당금을 증액하고 있고, 2009년에 0.4달러였던 주당 배당금이 2023년 3.08달러로 일곱 배 이상 올랐다. 서브프라임모기지 사태 때에도 미국의 수많은 금융 관련 기업이 휘청거리면서 배당삭감을 했지만 무디스는 삭감하지 않고 동결만 했다. 다른 곳이 모두 삭감할 때 혼자 버텼으니 그만큼 정말 안정적이고 매력적이다.

사실 이 분야의 업계 1위는 S&P의 모회사인 S&P글로벌(SPGI)로, 역시나 괜찮은 회사다. 그런데 나는 왜 업계 1위를 놔두고 무디스를 샀을까? 사실 내 입장에서는 업계 순위가 중요한 게 아니라 투자 수익이 중요하기 때문에 어떤 회사를 선택하더라도 수익에서는 큰 차이가 없다고 생각했다. 다만 무디스가 매수할 만한 가격에 먼저 도달했기 때문에 매수했을 뿐이다. 나중에 S&P글로벌의 주가가 싸지면 매수할 수도 있고, 아니면 무디스를 더 사 모을 수도 있다.

투자에서는 정답을 꼭 하나로 정해놓아서는 안 된다. 보통 업계에서 잘 나가는 회사 중에는 좋은 회사가 많다. 그중에서 나의 종목 선정 조건에 맞고 내가 원하는 가격대(살 만한 가격대)에

구분	2013	2014	2015	2016	2017	2018	2019	2020	2021	2022
매출액	2,973	3,334	3,485	3,604	4,204	4,443	4,829	5,371	6,218	5,468
영업이익	1,235	1,439	1,473	651	1,821	1,868	1,998	2,398	2,844	1,883

무디스의 매출액 및 영업이익 추이

(단위 : 백만 달러 / 출처 : stockanalysis.com)

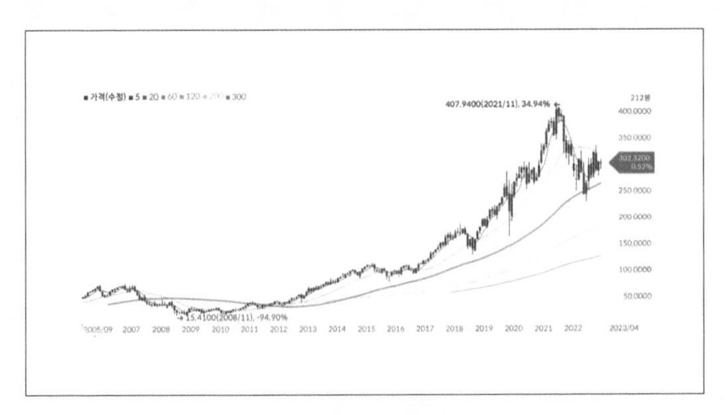

무디스의 주가변동 추이

(출처: 삼성증권)

도달한 종목이 있다면 사실 뭘 사도 상관없다.

무디스의 주가 차트 역시 아름다운 모양을 보여주고 있는데, 앞서 살펴본 비자와 비슷한 흐름을 보인다. 2010년부터 2022년까지 12년 사이에 열두 배나 올랐다. 2010년이면 내가 신입사원으로 사회생활을 시작할 때였는데, 그때 이 종목을 진작 알지 못한 게 아쉬울 뿐이다. 월급으로 이 종목을 사 모았으면 어땠을까 하는 생각을 가끔 해본다.

지나간 후에 생각해봐야 아무 의미 없다는 걸 잘 알면서도 사람이다 보니 문득문득 그런 생각이 드는 건 어쩔 수가 없다. 그래서 재테크 공부는 한 살이라도 어릴 때 빨리 시작하라고 강조하는 것이다. 하지만 지금도 늦지는 않았다고 생각한다. 지금부터 관심을 두고 열심히 공부한다면 아예 하지 않는 것보다 10년 후가 분명 달라질 것이다.

스타벅스(SBUX)

한국인이 가장 사랑하는 커피는 역시 스타벅스(SBUX)가 아닌가 싶다. 세계 최대 커피 프랜차이즈 회사라는 건 이미 알고 계실 텐데, 전 세계에 약 3만4,000여 개 매장이 있다고 한다. 우리나라에서도 강남역에 나가보면 블록마다 스타벅스 간판이 보일 정도로 매장이 많다.

스타벅스는 분기배당을 하고 있고, 2023년 배당수익률은 2.01%로 다른 배당성장주에 비해 높은 편이다. 배당수익률이 1%도 안 되는 종목들만 보다가 2%를 넘어가는 숫자를 보니까 확실히 높아 보일 것이다. 매출액과 영업이익 역시 지속해서 상승하고 있고 2022년 영업이익률은 14% 수준이다.

구분	2013	2014	2015	2016	2017	2018	2019	2020	2021	2022
매출액	14,867	16,448	19,163	21,316	22,387	24,720	26,509	23,518	29,061	32,250
영업이익	577	2,813	3,351	3,854	3,743	3,582	3,780	1,239	4,487	4,384

스타벅스의 매출액 및 영업이익 추이

(단위 : 백만 달러 / 출처 : stockanalysis.com)

스타벅스의 주가변동 추이

(출처: 삼성증권)

스타벅스가 좋은 이유는 장기 실적 전망이 밝기 때문이다. 스타벅스 커피는 가격을 올려도 잘 팔린다. 이 말인즉슨 물가상승률을 소비자에게 부담시킬 수 있다는 말이다. 이것은 굉장히 중요한 포인트다. 세상에는 가격이 올랐을 때 판매량이 떨어지는 재화가 훨씬 많기 때문이다. 장을 볼 때 대부분의 주부들은 1,500원 하던 애호박이 3,000원으로 오르면 애호박을 대체할 만한 다른 채소를 구매할 것이다.

하지만 스타벅스 커피는 가격이 올라도 "왜 이렇게 올랐어?"라고 투덜거릴지언정 계속 사 마신다는 특징이 있다. 가격이 저렴한 다른 커피 브랜드로 갈아타는 사람도 있지만 상당수는 그대로 스타벅스를 이용한다. 당장 주말에 카페를 돌아다니며 비교해보면 쉽게 알 수 있다. 스타벅스 매장은 언제 가도 사람이 많다.

이것이 바로 브랜드파워다. 어떤 종목이 수익을 꾸준히 올리려면 압도적인 기술력이 있거나 브랜드파워가 있어야 한다고 언급한 바 있는데, 스타벅스는 바로 그런 브랜드파워를 잘 보여주는 종목이다.

스타벅스는 2010년에 배당금을 처음 지급하기 시작해서 12년 동안 연속으로 배당금을 증액하고 있다. 2011년에 주당 배당금이 0.56달러였는데 2022년 2달러로 약 3.6배 올렸고, 주가는 7.5배 상승했다.

스타벅스의 주가는 2022년 말에 조정을 많이 받았다. 인건비가 상승하고 있고, 미국 다음으로 스타벅스 매장이 많은 중국이 미국과 갈등 상황에 놓여 있는 점, 특히 중국이 제로 코로나 정책으로 도시를 봉쇄하는 등 다양한 영향이 뒤섞이면서 주가가 많이 하락한 것이다.

눈여겨보고 있던 종목의 주가가 떨어지면 '어떡하냐'며 걱정할 게 아니라 '매수 기회가 오고 있구나'라고 생각해야 한다. 일시적인 조정은 있을지언정 주가가 장기적으로 우상향하고 있고 실적도 꾸준히 좋게 나오는 종목을 발견했다면 시간을 두고 예의주시하면서 매수 타이밍을 노려야 한다. 나 역시 한참 조정을 받을 시기에 스타벅스를 매수해두었더니 수익률이 약 45% 언저리를 유지하고 있다. 이후 조정이 와도 웬만해서는 내가 산 가격 이하로 떨어지지 않는 걸 보면서 역시 좋은 주식을 쌀 때 매수하는 것이 중요하다는 걸 거듭 느낀다.

블랙록(BLK)

블랙록(BLK)은 세계 최대 자산운용사로, 역시 내가 좋아하는 회사 중에 하나다. 운용 자산의 규모가 1경1,000조 원이라는데, '경'이라는 숫자 단위를 접해본 사람이 몇 명이나 될까? 상상이 안 되는 숫자다. 우리나라의 국민연금공단이 운용하는 자산이 약 916조 원인데 블랙록은 그보다 약 열두 배 많은 자금을 운용하고 있는 셈이다. 경제기사를 보면 국민연금공단이 어떤 종목을 매입하고 매도하는지에 따라 주가가 많이 좌우되는 것을 종종 볼 수 있는데, 그보다 열네 배나 많은 자산을 운용하는 곳이 바로 블랙록이다.

개인투자자들보다 기관투자자들의 수익률이 훨씬 높다는 점은 아마 많이 알고 계실 것 같다. 그런 기관투자자 중에서도 블랙록은 '큰손'이다. 세계 최대의 큰손이라는 이유 하나만으로도 투자 가치가 충분하다고 생각한다.

구체적으로 살펴보면 배당수익률은 2023년 2.89%고 분기 배당을 한다. 매출액과 영업이익은 지속해서 상승하고 있는데, 2022년 기준 영업이익률은 36%로 괜찮은 수준이다.

블랙록은 2003년부터 배당금을 지급하기 시작해서 2023년까지 지속해서 배당금을 증액해 왔다. 2010년에 주당 배당금이 4달러였는데 현재 20달러로 5배 올랐다.

주가는 2010년부터 2023년 사이에 약 다섯 배 상승했다. 차트를 보면 앞에서 살펴봤던 초고배당주나 고·중배당주에 비해 주가가 꾸준히 오르고 있고, 상승률도 꽤 높은 편임을 알 수 있다. 배당성장주는 현재의 배당금보다 미래의 시세차익을 고려해서 선택하는 종목이기 때문에 어찌 보면 일부러 그런 종목을 골라야 하는 게 당연한 이야기다.

2022년 말에는 조정을 많이 받았는데, 이때가 매수하기에 무

구분	2013	2014	2015	2016	2017	2018	2019	2020	2021	2022
매출액	10,180	11,081	11,401	12,261	13,600	14,198	14,539	16,205	19,374	17,873
영업이익	3,857	4,474	4,664	4,565	5,254	5,457	5,551	5,695	7,450	6,385

블랙록의 매출액 및 영업이익 추이

(단위 : 백만 달러 / 출처 : stockanalysis.com)

블랙록의 주가변동 추이

(출처: 삼성증권)

척 매력적인 구간이 아니었나 생각한다. 비슷한 조정이 또 온다면 추가로 매수할 의사가 충분한 종목이다.

제3장

나에게 맞는 포트폴리오를 짜보자

어떤 투자를 하고 싶은가

배당주 투자는 단순히 높은 수익률을 노리는 투자가 아니라 현금흐름과 장기적인 미래를 생각하는 투자다. 그래서 배당주에 투자를 시작하기에 앞서 본인의 상황이 어떤지를 곰곰이 생각하는 시간을 가져야한다.

배당주에는 배당률이 1% 이하로, 거의 안 주다시피 하는 종목부터 10% 이상으로 많이 주는 종목까지 매우 다양하다. 그중에서 어떤 종목에 투자할지는 지금 내가 처한 상황에 따라 달라진다. 당장 현금흐름이 중요한지, 아니면 10~20년 후의 미래를 생각하고 있는지, 배당금을 많이 받기를 원하는지, 아니면 배당금은 약간만 받고 추후 만족스러운 시세차익을 기대하는지 등등 많은 질문을 해봐야 한다. 그 대답에 따라서 자신의 포트폴리오에 담길 초고배당주, 고·중배당주, 배당성장주의 비율이 달라지기 때문이다.

지금 당장 파이어족이 되고 싶거나 은퇴 등으로 인해 소득이 끊겨 생활비가 필요한 상황이라면 배당금이 많이 나오는 고배당주 위주로, 현재는 월급을 받기 때문에 괜찮지만 10~20년 후 은퇴를 생각하고 자산을 늘리는 게 우선이라면 시세차익이 상대적으로 큰 배당성장주 위주로 포트폴리오를 구성하는 게 바람직하다.

초고배당주, 고·중배당주, 배당성장주의 수익률을 백테스팅(back-testing)이라는 방법을 통해 비교해봤다. 백테스팅이란 똑같은 금액을 똑같은 기간 동안 다른 종목에 투자했다고 가정했을 때 현재 어떤 결과를 얻었을지 추적해보는 것을 말한다. 백테스팅의 자세한 방법은 뒤에서 설명할 예정이므로, 여기에서는 세 가지에 투자했을 때 어떤 결과가 나왔는지 확인해보는 방법이라고만 알아두자.

기간은 2013년부터 2022년까지 10년간이고 비교해 볼 종목은 앞서 설명한 것들 중에서 골랐다. 초고배당주에 속하는 구겐하임펀드(GOF), 고·중배당주에 속하는 메인스트리트캐피털(MAIN), 그리고 배당성장주에 속하는 블랙록(BLK)이다. 지난 10년 동안 1만 달러를 각각의 종목에 투자했다고 가정하고, 받은 배당금도 다시 해당 종목에 재투자했다고 가정한 후 10년이 지

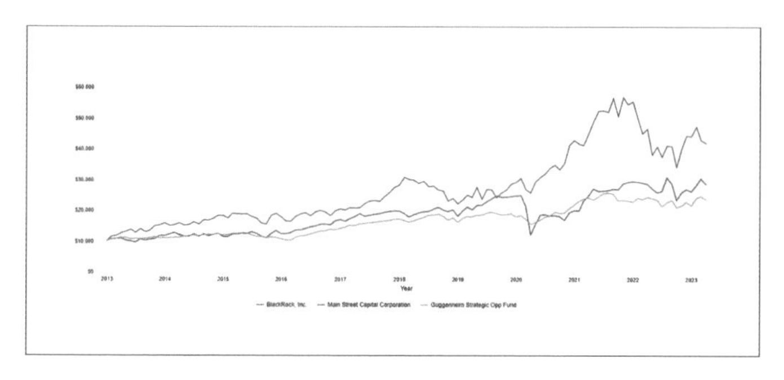

10년간 투자했을 때의 시세차익 비교

(출처: portfoliovisualizer.com)

난 현재 자산이 얼마나 늘어났을지 확인해 보는 것이다. 결과는 다음 그림과 같이 나온다.

지난 10년 동안 똑같이 1만 달러를 투자했을 때 초고배당주에 속하는 구겐하임펀드에 투자했다면 2022년 현재 자산은 2만1,425달러가 되어 약 2.1배 상승했을 것이다. 고·중배당주에 속하는 메인스트리트캐피털의 경우는 2만6,116달러로 약 2.6배, 배당성장주인 블랙록은 4만4,042달러로 약 4.4배 상승했다는 것을 알 수 있다. 배당금 전체 액수는 초고배당주인 구겐하임펀드가 가장 많았을 테지만 그것을 모두 재투자했는데도 10년 후 시세차익을 포함한 자산 상승폭은 셋 중에 가장 적었다.

투자 기간이 길어지면 이렇게 종목에 따라 시세차익의 차이가 크게 벌어진다는 것을 알 수 있다. 그래서 종목을 선정할 때는 백테스팅을 통해서 장기수익률을 꼭 비교해보아야 한다. 이렇게 해봐야 하는 이유는 지금 좋다고 생각하는 종목이 실제로 10년 후에는 거의 오르지 않을 수도 있기 때문이다. 물론 백테스팅 결과는 과거 실적을 바탕으로 산출되기 때문에 앞으로도 똑같다고 단언하기는 어렵다. 하지만 과거에 오랫동안 비슷한 패턴을 유지해온 종목이라면 앞으로도 그럴 가능성이 높다는 가정하에 백테스팅을 해보는 것이다. 결과가 생각과 다르다면 다시 고민을 해봐야 한다.

배당성장주 중에는 블랙록보다 더 큰 성장률을 보여준 종목도 많다. 애플(APPL)을 백테스팅 해보면 지난 10년 동안 여덟 배 이상 올랐을 것이고, 테슬라는 더 많이 올라 어마어마한 시세차익을 얻었다는 걸 알 수 있다. 다만 테슬라는 배당을 하지 않기 때문에 여기서는 논외로 하겠다.

당장 현금흐름이 중요한 상황이라면

10년 후의 시세차익도 좋지만 현금흐름이 더 소중한 사람도 있다. 은퇴 예정자이거나, 파이어족을 꿈꾸거나, 이런저런 사정 때문에 월급이 끊기는 경우가 그렇다. 이렇게 월급 수준의 현금 흐름이 필요한 경우에는 배당금을 많이 받을 수 있는 고배당주 위주로 포트폴리오를 구성하는 게 좋다.

안정적인 배당금을 추구한다면 수십 년간 꾸준히 배당금을 지급해온 배당킹이나 배당귀족 종목을 고르는 것이 좋다. 이런 종목들은 시장이 일시적으로 출렁거려도 배당삭감을 하지 않을 가능성이 높기 때문이다.

하지만 배당킹이나 배당귀족이 무조건 좋다고만 볼 수는 없다. 어찌 보면 이제 성장을 멈추고 유지 단계에 들어간 기업이라고 할 수 있기 때문이다. 앞서 살펴본 쓰리엠(MMM)은 무려 66년 동안 꾸준히 배당금을 지급한 배당킹이다. 하지만 큰 폭으로 성장하거나 사업을 확장할 것이라고 전망하기는 어렵다. 배당금을 안정적으로 지급할지는 몰라도 금액이 크게 늘어나지는 않을 것이다. 이런 부분도 포트폴리오를 구성할 때 반드시 고려할 점이다.

또 한 가지 중요한 것은 고배당주의 비중을 높게 구성할 때도 배당성장주를 일부 포함하는 게 좋다는 점이다. 현금흐름을 중시하는 분들의 포트폴리오를 살펴보면 당장 들어오는 배당금이 많아지도록 고배당주만 넣어놓은 분들이 많았다. 문제는 고배당주의 특성상 시세차익이 거의 없거나 심지어 주가가 떨어질 수도 있다는 점이다.

주가가 떨어지더라도 배당금은 문제없이 나오겠지만 주식시장이 대세상승장에 접어들어 너도나도 돈을 벌 때 혼자만 소외될 수 있다. 남들은 다 돈을 벌었다는데 내가 가진 종목들은 하나도 오르지 않으면 '벼락거지'가 된 기분을 느끼게 될 수도 있다. 그래서 나는 포트폴리오에 배당성장주를 30% 정도, 최소 20% 이상은 넣기를 권하고 있다.

또한 배당금이 매달 월급처럼 나오기를 원한다면 연배당보다는 월배당이나 분기배당 종목을 주로 구성하는 방식도 좋다. 미국 주식은 대부분 월배당 또는 분기배당을 하고 있으므로 관심을 가져보도록 하자.

10년 이상 장기적으로 접근한다면

사회초년생이거나 아직 월급을 받을 수 있는 기간이 10년 이상 남아있다면 배당성장주의 비중을 높게 구성하라고 권한다.

개인적으로는 30대 초반의 사회초년생이라면 초고배당주에 투자할 필요가 없다고 생각한다. 차라리 그 돈을 고·중배당주나 배당성장주에 넣어서 더 많은 시세차익을 노리라는 뜻이다.

금액만 보면 배당성장주의 시세차익은 초고배당주의 배당금과 비교할 수 없을 정도로 차이가 난다. 우리가 흔히 "그때 애플 주식을 100만 원어치만 샀다면…. 그때 테슬라 주식을 1,000만 원어치만 샀다면…"이라고 이야기하듯이 앞으로 성장이 기대되는 주식을 초창기에 사두면 엄청난 부자가 될 수 있다. 그런데 공부를 하다 보면 배당성장주들 중에 이런 종목들이 꽤 많다는 사실을 알게 될 것이다.

게다가 배당성장주는 배당수익률은 많이 낮지만 앞으로 꾸준히 올라갈 수 있기 때문에 이것을 재투자하면 복리효과를 크게 누릴 수 있다. 그렇기 때문에 현금흐름이 중요한 상황이 아니라면 배당성장주 비중을 높게 가져가는 게 맞다고 생각한다.

특히 자녀에게 주식을 사주는 경우에는 더욱 그렇다. 요즘은 자녀에게 주식을 미리 사주고 싶어 하는 부모들이 많다. 아직 어린 아이에게는 어떤 주식을 사주는 것이 좋을까? 마찬가지로 고배당주 대신 배당성장주만 사줘도 충분하다고 생각한다.

어린 자녀에게 주식을 사주려는 이유는 아이가 성인이 되었을 때 주가도 함께 올라서 대학 등록금이나 결혼자금에 보탤 수 있다는 생각, 또는 돈 걱정 없이 하고 싶은 일을 자유롭게 하도록 해주고 싶다는 생각 때문일 것이다. 아이가 성인이 될 때까지는 우리 부부가 돌볼 테니 당장 배당금이 필요한 상황은 아니다. 그래서 아이가 자랄 동안 자산도 함께 쑥쑥 자랄 수 있도록 좋은 배당성장주만 골라서 계좌에 넣어주었다.

현금흐름과 시세차익을 동시에 노린다면

많은 분이 "그래서 아린이라는 사람은 포트폴리오를 어떻게 짰을까"하고 궁금해하신다. 나의 투자 성향을 생각해보면, 아무래도 욕심쟁이인듯하다. 근로소득이 적은 편이라 현금흐름도 어느 정도 있었으면 좋겠지만, 그렇다고 시세차익을 포기할 수도 없다.

대한민국의 40대라면 대부분 나와 비슷한 생각을 하실 것이다. 일을 해서 돈을 벌 수 있는 나이이지만 자녀 교육비나 주택담보대출 원리금 등 돈 나갈 곳이 많아 살림은 항상 쪼들린다. 그렇다고 은퇴가 아주 먼 일도 아니기 때문에 노후준비도 생각하지 않을 수 없다.

내가 배당주 투자를 시작한 계기는 생활비 목적의 현금흐름 창출이었기 때문에 1차 목표를 '배당금으로 월 500만 원'이라고 잡았다. 제2의 월급, 제3의 월급을 만들겠다는 다짐이나 마찬가지다. 그래서 안정적으로 꾸준히 배당금이 나오는 초고배당주와 고·중배당주 종목들을 지켜보다가 적당한 가격에 오면 매수하는 식으로 포트폴리오를 채워가고 있다.

이 글을 쓰고 있는 시점은 배당주 투자를 시작한 지 1년 반이 지난 시점이다. 현재는 월평균 세후 약 188만 원의 배당금을 받고 있다. 500만 원이라는 목표를 달성하기까지는 앞으로 5년이 더 걸릴 것으로 예상한다. 만약 초고배당주와 고·중배당주의 비중을 높여서 투자했다면 월 500만 원이라는 목표는 이미 달성했을지도 모른다. 하지만 도저히 시세차익을 포기할 수가 없다. 고배당주에만 투자했을 때의 배당금보다 배당성장주의 시세차익이 엄청나게 크다는 걸 잘 알기 때문이다. 아직까지는 현재 수입으로 충분히 생활할 수 있으므로 미래를 위해 조금 길게 바라보기로 하고, 배당금은 적당히 늘리고 미래의 시세차익도 함께 생각하기로 했다.

이러한 점들을 종합적으로 고려해서 종목을 다양하게 분산하여 포트폴리오를 구성하기로 했다. 결론적으로 현재 초고배당주 25%, 고·중배당주 25%, 배당성장주 50% 정도의 비율로 배치했다. 이렇게 해서 발생하는 전체 배당수익률은 5%대 후반에서 6%대 초반 정도다. 시세차익은 당연히 별도로 계산한다.

당연한 말이지만 모든 사람이 나와 같은 포트폴리오를 구성할 필요는 없다. 일반적인 40대라면 현금흐름도 어느 정도 필요할 수 있기 때문에 초고배당주와 고·중배당주의 비율을 60% 정도로 하고, 나머지 40%는 배당성장주로 구성하는 것이 좋지 않을까 싶다. 각자 현금흐름의 중요도에 따라 비율을 조정하면 된다.

차후에 배당성장주에서 시세차익이 많이 발생한다면 일부를 매도해서 부동산을 매입할 수도 있다. 시장 상황에 따라 유동적으로 판단하면 된다. 그렇게 하면 배당금이 줄어들겠지만 배당성장주는 배당률이 워낙 낮기 때문에 전체 현금흐름에 타격을 줄 만큼은 아닐 것이다. 본인이 원하는 방향이 무엇인지 잘 생각해보고 포트폴리오를 계속 조정하면 된다.

투자금은 얼마나 필요할까

월 500만 원의 배당금을 받으려면 필요한 총투자금이 얼마인지에 대한 질문을 많이 받는다. 하지만 대답하기가 조심스럽다. 총투자금만 이야기했을 때 "저는 못 하겠네요"라며 아예 시도조차 안 하고 포기할까 걱정되기 때문이다.

역산을 해보면 답은 쉽게 나온다. 배당금으로 월 500만 원을 받는다는 건 1년에 받는 총배당금이 6,000만 원이라는 뜻이다. 계산하기 쉽게 배당수익률이 20%라고 하면 총투자금은 3억 원이고 10%라고 하면 6억 원이 필요하다. 고배당주만으로 포트폴리오를 짜면 3억 원으로 월 500만 원의 배당금이 충분히 가능한 것이다.

그런데 앞서 설명했듯이 나의 포트폴리오에는 초고배당주가 차지하는 비중이 25%밖에 되지 않고 50%는 배당수익이 거의 나오지 않는 배당성장주가 차지하고 있다. 결국 절반에 해당하는 초고배당주와 고·중배당주만 가지고 배당금을 세팅하는 셈이다. 그렇게 단순히 계산해보면 6억~7억 원의 투자금이 필요하다는 계산이 나온다. 투자금이 얼마라고 이야기하는 게 조심스러운 이유가 여기 있다. 1억 원이라고만 해도 '그렇게 큰돈을 어떻게 마련하냐'라며 막막해 하는데 6억 원이라면 당연히 포기하고 싶다는 생각이 들 만하다.

하지만 그렇게 생각하지는 않았으면 좋겠다. 월 500만 원은 그저 목표금액일 뿐 누구나 단돈 20만 원, 30만 원은 충분히 벌 수 있는 게 배당주 투자다. 그 정도 추가 수익만 있더라도 아르바이트나 야근으로 수당을 챙기기 위한 걱정에서 조금은 자유로워지지 않을까? 시간과 체력을 갈아 넣지 않아도 조금이나마 현금이 들어온다면 생활에 얼마나 숨통이 트일까?

처음에는 적은 돈으로 시작하더라도 조금씩 모으고 벌기를 반복하다 보면 어느새 생각했던 것보다 훨씬 더 많은 배당금을 받게 될 것이다. 내가 운영 중인 소모임 '부릿지'의 멤버들은 2021년부터 본격적으로 함께 배당주 투자를 시작했다. 그분들 역시 처음부터 몇억 원씩 가지고 시작하지는 않았다. 어떤 분은 생활비를 아껴서 모은 돈 몇십만 원으로 시작했고, 가지고 있던 주식 일부를 팔아서 배당주로 갈아탄 분도 있다. 처음에는 한 달에 1만 원, 2만 원밖 정도였던 배당금이 조금씩 늘어난다. 그렇게 늘어난 배당금이 30만 원 가까이 늘었다며 월 100만 원이라는 목표를 향해 더 열심히 하겠다고 다짐하기도 한다.

그렇게 조금씩 성장하는 것이다. 어떤 재테크든 그렇다. 월 100만 원이 200만 원이 되고 300만 원이 되면서 점점 늘어나는 것 아닐까? 처음에는 금액이 늘어나는 시간이 오래 걸리겠지만 포기하지 않고 배당금을 재투자하며 복리효과를 노린다면 늘어나는 속도가 점점 빨라지면서 예상보다 일찍 목표를 달성할 수 있다.

초반에는 절약과 재투자를 반복할 것

"저는 돈이 없어서 투자를 할 수가 없어요"라고 말하는 분들이 있는데 나는 그 말이 참 안타깝다. 금액의 크고 작은 차이는 있을지언정 누구나 언제든 투자는 할 수 있기 때문이다.

2015년도에 결혼할 때 우리 부부에게는 여유자금이 그야말로 한 푼도 없었다. 양가의 도움을 받을 상황이 아니라서 원룸에 신혼집을 꾸리면서도 대출을 받아야 했다. 나는 재취업을 하지 못한 상태였기 때문에 당시 우리는 월급 235만 원의 외벌이 부부였다.

재취업 대신 재테크를 선택한 후 내가 한 일은 생활비를 아끼고 아껴 종잣돈을 모으는 일이었다. 당장 할 수 있는 일이 그것뿐이었기 때문이다. 전작에서 자세히 이야기했지만 그렇게 1년 동안 모은 1,300만 원으로 재테크를 시작했고 악착같은 노력에 더해 시장흐름도 좋았던 덕분에 2년 만에 순자산이 2억 원으로 늘었다. 4년 후에는 6억 원, 그리고 6년 후에는 10억 원을 넘기게 됐다. 시간이 지날수록 자산이 늘어나는 속도가 빨라진다는 말은 거짓말이 아니었다. 그래서 나는 늘 "돈이 없더라도 투자 공부는 바로 시작하라"는 이야기를 꼭 한다. 종잣돈은 모으면 되고, 그동안 공부를 하면서 준비하면 된다.

문제는 돈 모으기가 생각보다 쉽지 않다는 사실이다. 그래서 나는 책과 강의에서도 늘 절약을 강조한다. 돈을 모으는 이런저런 방법이 있지만 들어오는 돈보다 나가는 돈이 많아지지 않도록 관리하는 것은 기본 중에 기본이다.

절약은 일상에서 꾸준히 이뤄져야 하는데, 그러려면 무엇보다 즐거워야 한다. '이렇게 궁상맞게 살아야 하나'라는 자괴감이 드는 순간 절약 습관을 유지할 수 없게 되므로 무조건 아끼는 데에만 집중할 게 아니라 자신에게 맞는 방법을 찾는 게 중요하다. 적은 돈이라도 즐겁게 모아서 투자하고, 그 돈이 두 배, 세 배가 되어 돌아오는 경험을 몇 번 반복하면 누가 시키지 않아도 즐겁게 절약하는 습관이 생긴다.

사람들은 자산이 좀 넉넉해진 후에도 생활비를 늘리지 않고 예전처럼 사는 내가 신기하다고, 혹은 독하다고 말한다. 그럴 수 있는 동기부여는 바로 투자다. 지금 이 돈을 쓰지 않고 모으면 주식을 한 주 더 살 수 있고 그만큼 내 자산이 늘어나고 경제적 자유를 이룰 날이 더 빨라진다는 걸 너무나 잘 알기에 그 돈을 쉽게 쓸 수가 없다. 그렇다고 해서 하고 싶은 것들을 무조건 참지는 않는다. 가끔은 열심히 살아온 나에게 소소하게 선물도 한다. 그것이 즐겁게 절약하고 투자하는 방법이다.

배당금 월 500만 원이라는 금액은 나의 1차 목표다. 나는 매년 배당금을 증액하고 있기 때문에 시간이 갈수록 배당금은 늘어날 것이고, 적절히 배치한 배당성장주들이 시세차익도 가져다줄 것이다. 이 달콤한 꿈이 헛된 망상으로 끝나지 않도록 지금 한 푼이라도 아껴서 투자해야 한다.

초반에 받는 배당금은 재투자하기를 추천한다. 배당금이 10

만 원, 20만 원 들어올 때 기분 좋다고 써버리지 말고, 가능하면 다시 주식을 매입하자. 미국 주식이라면 배당금도 달러로 나오기 때문에 수수료를 내면서 환전할 필요도 없다. 배당금을 재투자하면 그만큼 빠르게 투자금이 늘어나고 목표 금액에 다다르는 시간도 빨라진다.

어떤 종목은 배당금을 현금으로 받을지 주식으로 받을지 선택할 수 있다. 투자금이 적었던 투자 초반에는, 어차피 돈이 생길 때마다 해당 종목을 더 사 모을 계획이었으므로 배당옵션을 주식으로 신청했다. 그러면 배당소득세를 제한 금액만큼의 주식이 소수점 단위로 자동 매수된다. 신경을 쓰지 않아도 해당 종목의 보유량이 늘어나니 편리하다.

그러다 투자금이 어느 정도 늘어난 후에는 현금으로 옵션을 변경했다. 이렇게 현금으로 받은 배당금은 잘 가지고 있다가 눈여겨보던 종목 중에 일시적으로 주가가 조정받고 있거나 비교적 살만한 가격에 도달했다 싶은 종목을 매수하고 있다. 투자에는 정답이 없기 때문에 각자 상황에 맞는 전략을 선택해야 하지만, 한 번 선택한 전략을 고집스럽게 지킬 필요도 없다. 상황에 따라 무엇이 더 좋은 방법일지 끊임없이 고민하면서 수정하고 보강하는 노력이 필요하다.

투자금이 적을 땐 분산하면 안 된다

"계란을 한 바구니에 담지 말라."

투자자가 아니더라도 한 번쯤 들어봤을 것이다. 분산투자를 해서 리스크를 관리하라는 의미다. 하지만 직접 투자를 해보니 이 말이 항상 옳지는 않았다.

투자 금액이 적을 때는 분산이 아니라 집중투자가 좋다. 예를 들어 100만 원으로 투자를 시작하는데 한 종목에 10만 원씩 열 종목으로 분산해놓는 게 좋을까? 그렇지 않다. 돈을 너무 작게 쪼개놓으면 수익도 그만큼 적어지기 때문이다.

배당성장주가 20% 상승하여 매우 좋은 수익률이 났을 때를 가정해보자. 100만 원을 한 곳에 투자했을 때 얻는 돈은 20만 원이다. 그런데 100만 원을 열 등분 한 경우라면 어떠한가?

두 종목에서 20%의 수익이 났다고 치자. 현실에서는 다른 종목에서 손해가 나서 그나마 얻은 수익도 상쇄될 가능성이 크지만, 나머지 종목이 모두 똑같은 주가를 유지했다 치더라도 수익은 4만 원밖에 되지 않는다.

분산투자의 장점은 모든 종목이 동시에 떨어지지는 않기 때문에 리스크가 적다는 점인데, 이를 뒤집어 말하면 모든 종목이 동시에 오르는 경우도 드물다는 뜻이다. 열 종목에 투자하면 일부는 오르고, 일부는 떨어지고, 일부는 그대로 유지될 가능성이 크다.

그래서 투자금이 적을 때는 집중 투자가 유리하다. 물론 리스크도 커지지만 투자금이 적기 때문에 어차피 잃을 돈도 적다. 투자금이 어느 정도 커지면 조금씩 분산해서 리스크를 관리하도록 하자.

자금계획은 장기적으로 세우자

배당주는 이른바 '사팔사팔(사고팔기를 반복하는 것)'하는 종목이 아니기 때문에 시작할 때부터 자금계획을 잘 세워야 한다. 고배당주와 배당성장주에 각각 얼마씩 투입할 것인지, 투자금을 어떻게 늘릴지, 투자금이 일정 수준으로 늘어나면 그 이후에는 어떻게 할 지 등 세부 계획이 필요하다. 특히 배당성장주는 시세차익이 많이 생길 수 있는데, 나중에 이 돈을 어떻게 활용할 지도 미리 생각해보면 좋다.

흔히 투자 수익률을 이야기할 때 예금 이자와 비교를 많이 한다. 똑같이 1억 원이 있으면 은행에 넣어두고 이자를 받기보다는 배당주를 사두고 배당금을 받는 게 낫다는 식이다. 하지만 착각하면 안 된다. 배당주 투자는 말 그대로 투자이지 예금이 아니라는 점을 늘 염두에 두어야 한다.

고배당주는 등락이 적고 안정적인 경우가 많다. 물론 증시가 전반적으로 좋지 않아서 모든 종목이 떨어질 때는 같이 떨어지기도 한다. 하지만 증시가 회복되면 함께 회복되기도 하고, 그 기간에 배당금은 꾸준히 나오기 때문에 배당금까지 생각하면 이득인 경우가 많다. 그러므로 원금 손실에 대해 너무 걱정할 필요 없이 꼬박꼬박 배당금만 잘 받으면 된다.

결과적으로 고배당주에 투자할 돈은 당장 쓰지 않아도 될 자금, 오래 가져갈 자금이어야 한다. 갑자기 정말 중요한 일이 생기면 주식을 팔 수도 있지만, 최대한 그럴 가능성이 없는 자금으로 투자해야 한다. 나중에 연금처럼 받는다는 생각으로 차근차근 준비해 나갔으면 좋겠다.

그리고 하루라도 빨리 준비하는 게 유리하다. 투자에서 가장 큰 수익을 주는 것은 복리효과인데, 이 복리효과는 투자시간이 길어질수록 커진다. 하지만 시간은 우리가 인위적으로 늘리거나 줄일 수가 없다. 하루라도 빨리 시작해야 하루 치 복리효과를 더 누릴 수 있을 뿐이다.

나는 배당주 대부분을 미국 주식에 투자하고 있다. 미국은 주식 투자 역사도 길고 이름만 대면 알만한 세계적인 우량기업도 많다. 또한 장기적으로 리스크가 가장 적은 시장이기도 하다.

돈을 벌 기회는 늘 있지만, 기회를 잡는 일은 스스로에게 달렸다. 나는 수많은 기회 중 하나를 잡을 수 있었다는 점에서 운이 참 좋은 편이라고 생각한다. 이제는 그 기회를 여러분과 함께 잡아서 함께 공부하고 부자가 되었으면 한다. 나는 배당주를 이렇게 표현하는 것을 좋아한다.

"내 돈을 미국에 심어두면, 열매가 주렁주렁 열려서 돌아온다."

달콤한 열매를 수확할 그 날을 생각하면서, 농사짓는 마음으로 장기적 투자를 했으면 좋겠다.

해외주식을 선택할 때 사용하는 도구들

지금부터 이야기할 주제는 많은 분이 궁금해할 주제일 듯하다. 어느 사이트에서 어떤 항목을 보면서 종목을 고르는가에 대한 내용이다. 요즘 웬만한 정보는 대부분 인터넷으로 접할 수 있어서 편하다. 그중에서 내가 배당주를 공부할 때 참고하는 유용한 사이트를 중심으로 설명해보려고 한다.

여러 사이트를 골고루 이용하는 이유는 크로스체크를 위해서다. 같은 종목을 검색해도 사이트마다 내용이 다르게 나올 때가 종종 있다. 사이트를 운영하는 주체가 모두 다르기도 하고, 영어로 된 사이트가 대부분이다 보니 어떤 게 정확한 정보인지 솔직히 하나하나 확인하기는 어렵다. 그래서 다른 사이트를 같이 보면서 크로스체크를 해보는 것이다.

여기서 소개할 사이트는 주로 외국 사이트들인데 영어를 못

한다고 지레 겁먹지 않았으면 좋겠다. 나도 영어를 잘하는 편은 아니지만 주식에서 사용하는 몇 가지 용어만 알고 있으면 어떤 자료인지를 대략 파악할 수 있기 때문이다.

디비던드닷컴

가장 먼저 소개할 것은 디비던드닷컴(dividend.com)이라는 사이트로, 배당률 4% 이상의 고배당주 리스트가 잘 정리되어 있는 곳이다. 배당금이 연속해서 증가한 횟수와 1년 및 5년 단위 배당성장률을 확인할 수 있다. 유료로 운영되는 사이트지만, 무료로 볼 수 있는 자료만 활용해도 충분하다. 회원가입도 필요 없다.

영어를 잘 몰라도 몇 가지만 알아두면 이용하는 데에 큰 지장이 없다. 이해를 돕기 위해서 내가 활용하는 방법을 자세히 설명해보겠다.

디비던드닷컴 페이지에 접속하면 먼저 상단의 'High Yield (고수익)'라는 메뉴에 커서를 가져가 보자(①). 그러면 'Yield over 4%(수익률 4% 이상)'라는 메뉴를 찾을 수 있을 것이다(②).

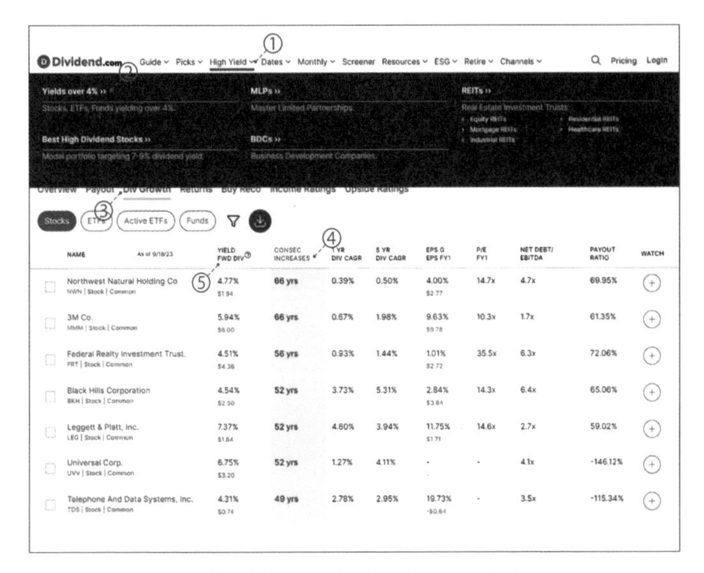

NAME (As of 9/18/23)	YIELD FWD DIV	CONSEC INCREASES	1 YR DIV CAGR	5 YR DIV CAGR	EPS G EPS FY1	P/E FY1	NET DEBT/ EBITDA	PAYOUT RATIO	WATCH
Northwest Natural Holding Co NWN | Stock | Common	4.77% $1.94	66 yrs	0.39%	0.50%	4.00% $2.77	14.7x	4.7x	69.95%	+
3M Co. MMM | Stock | Common	5.94% $6.00	66 yrs	0.67%	1.98%	9.63% $9.78	10.3x	1.7x	61.35%	+
Federal Realty Investment Trust. FRT | Stock | Common	4.51% $4.36	56 yrs	0.93%	1.44%	1.01% $2.72	35.5x	6.3x	72.06%	+
Black Hills Corporation BKH | Stock | Common	4.54% $2.50	52 yrs	3.73%	5.31%	2.84% $3.84	14.3x	6.4x	65.06%	+
Leggett & Platt, Inc. LEG | Stock | Common	7.37% $1.84	52 yrs	4.60%	3.94%	11.75% $1.71	14.6x	2.7x	59.02%	+
Universal Corp. UVV | Stock | Common	6.75% $3.20	52 yrs	1.27%	4.11%	-	-	4.1x	-146.12%	+
Telephone And Data Systems, Inc. TDS | Stock | Common	4.31% $0.74	49 yrs	2.78%	2.95%	19.73% -$0.64	-	3.5x	-115.34%	+

디비던트닷컴에서 고배당주 리스트 확인하기

이것을 클릭해보면 종목 이름이 쭉 나오는 것을 볼 수 있다.

'Div Growth(배당성장률)'를 클릭해보면 배당성장률이 높은 기업들이 나오는데(③), 표 상단에서 'Increases(증가)'라는 단어를 클릭해보자(④). 그러면 배당금을 증가시킨 기간이 긴 순서로 종목이 정렬된다. 가장 상단에 노스웨스트내추럴홀딩(NWN)과 쓰리엠(MMM)이 맨 위에 뜨는데 이들은 배당금이 66년 동안 증가를 했다는 것을 알 수 있다.

그다음으로 표 상단에서 'Yield(배당수익률)'를 클릭하면 배당률이 높은 순서대로 정렬된다(⑤). 이렇게 상단의 탭들을 하나씩 클릭해보면 기준에 맞춰 순서대로 종목을 살펴볼 수 있다. 1YR(1년치), 5YR AVG(5년치 평균) 등의 기준으로 살펴보면서 공부할 수도 있다. 다만 처음에 언급한 Increases(증가)는 반드시 살펴봐야 한다.

이렇게 배당을 잘 주는 기업들의 리스트를 얻게 됐다면, 이제부터는 인내심과의 싸움이다. 여기 나오는 종목들을 하나하나 분석해서 매수하면 좋을 것 같은 나만의 리스트를 만들어보자.

처음 이 작업을 할 때는 시간이 정말 오래 걸렸다. 그러다가 팬데믹으로 미국 시장에 조정이 왔을 때는 이 기회를 놓칠 수 없다는 생각에 밤잠도 안 자고 종목 분석만 했다. 얼마나 무리를 했는지 몇 달이 지난 후 번아웃 증상에 시달릴 정도였다. 블로그 이웃들이나 친구들은 알지만, 그때부터 시작한 취미가 물고기 기르기다. 여유롭게 헤엄치고 있는 물고기를 보는데 마음이 평화로워지는 느낌이 들었던 것이 계기였다. 그렇게 어항을 하나둘 들여놓기 시작했다. 머리가 복잡할 때면 유유히 헤엄치는 물고기들을 보면서 이른바 '물멍'으로 머리를 비우고 다시 공부할 힘을 얻는다.

나는 욕심이 많아서 모든 종목을 다 훑느라 고생했지만, 모든 사람이 그렇게 해야 한다는 뜻은 아니다. 종목이 너무 많아서 어느 종목부터 공부해야 할지 막막하다면 흔히 말하는 '배당킹', '배당귀족', '블루칩' 등의 리스트에 있는 종목부터 공부를 시작해 보자. 리스트는 인터넷에서 검색해보면 금방 찾을 수 있다. 여기에 있는 종목들부터 하나하나 분석해보면 어느 순간 살 만한 종목이라는 확신이 올 것이다.

이렇게 힘든 과정을 거쳐서 후보 종목 선정을 끝내놓으면 그 다음은 훨씬 수월하다. 리스트에 있는 종목들을 계속 지켜보면서 좋은 매수타이밍을 기다리면 된다. 전체적으로 분석을 했으니, 주기적으로 데이터를 업데이트 하기만 하면 된다. 이제부터는 이렇게 뽑아낸 리스트를 바탕으로 개별 종목을 분석하기 좋은 사이트를 소개하겠다.

시킹알파

시킹알파(seekingalpha.com)라는 사이트에서는 연도별로 기업의 배당금 지급 내역과 히스토리, 연 배당률 등을 확인할 수 있다. 역시나 유료 사이트라는 게 단점이지만 무료 자료만으로

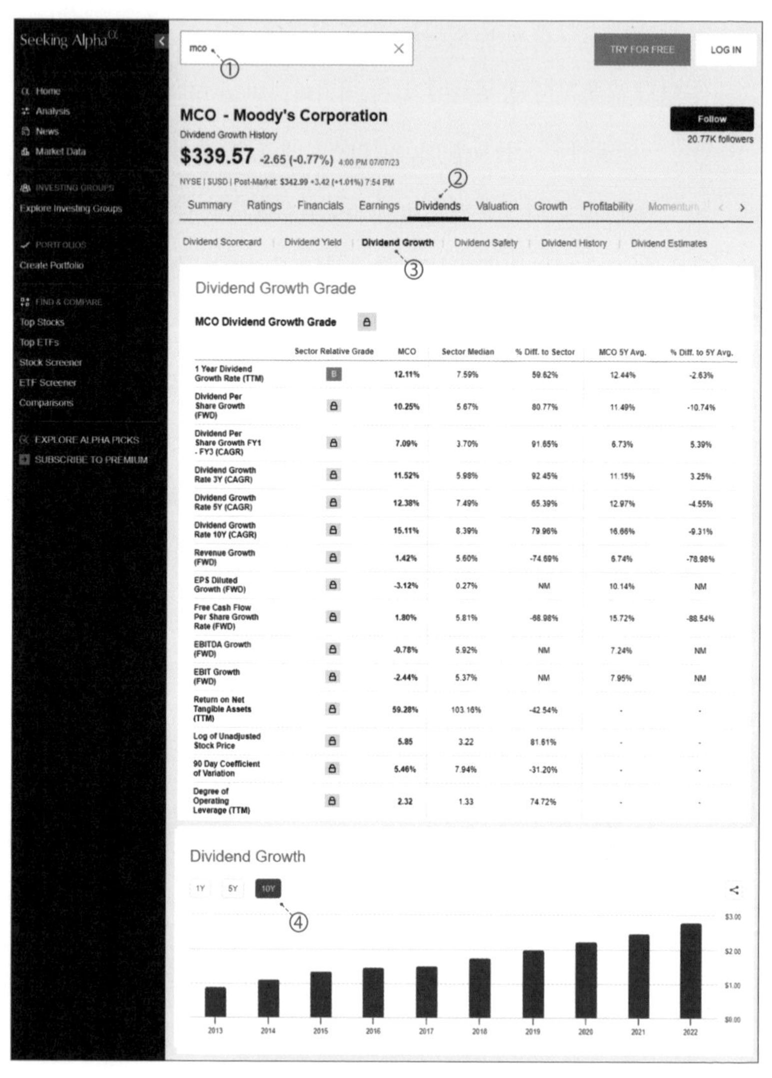

시킹알파에서 배당성장률 확인하기

도 배당주를 고르는 데에는 크게 무리가 없다. 역시나 귀찮은 회원가입도 필요 없다.

먼저, 첫 화면에 보이는 검색창에 내가 알아보고자 하는 종목을 입력한다(①). 이때 종목의 이름이 아니라 흔히 '티커(ticker)'라고 부르는 종목코드를 입력해야 한다는 점에 주의하자. 예를 들어 무디스를 검색한다고 하면 'Moodys'가 아니라 무디스의 티커인 'MCO'를 검색하는 것이다. 티커는 네이버 검색으로 쉽게 찾을 수 있다.

티커로 검색한 후 보이는 화면에서 'Dividends(배당금)'으로 들어간 후(②) 'Dividends Growth(배당성장률)'을 클릭해보자(③). 배당성장률에 대한 여러 가지 자료가 나오는데, 자물쇠 아이콘이 달린 자료들은 유료다. 관심이 간다면 유료로 회원가입을 해서 자료들을 열어봐도 좋다.

하지만 내가 자주 살펴보는 자료는 아래로 스크롤을 내렸을 때 보이는 'Dividends Growth(배당성장률)' 그래프이다. 기간을 10Y(10년)로 설정하면(④) 10년 동안의 배당금을 그래프로 시각화해서 보여주기 때문에 보기가 편하다. 이렇게 해서 보면 무디스의 배당금이 지난 10년간 계속해서 늘었다는 걸 알 수 있다.

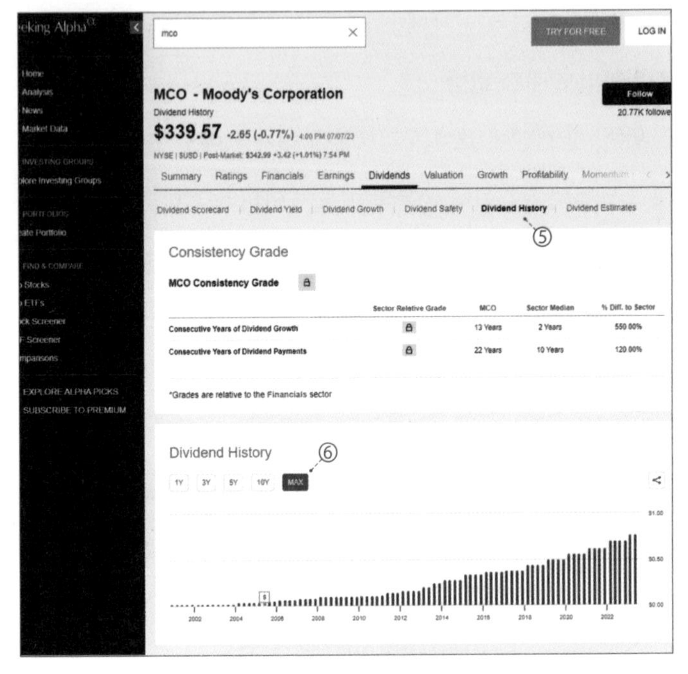

시킹알파에서 배당내역 확인하기

이번에는 다시 위쪽으로 올라와서 상단의 'Dividends History(배당 기록)' 탭을 눌러보자(⑤). 이 자료는 그동안 이 회사가 배당금을 얼마씩 올려왔는지 보여준다. 역시나 그래프로 시각화된 자료가 보일 텐데, 여기에서 기간을 Max(최대)로 설정하고 보면(⑥) 그동안의 배당 내역을 연도별로 모두 볼 수 있다. 무디스의 경우 배당금이 계속 높은 수준으로 늘어났고 배당

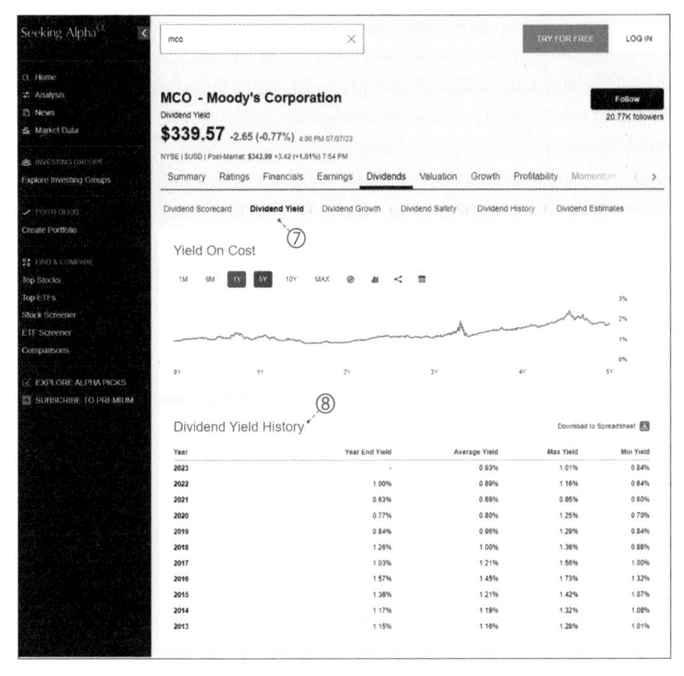

Year	Year End Yield	Average Yield	Max Yield	Min Yield
2023	-	0.93%	1.01%	0.84%
2022	1.00%	0.89%	1.16%	0.64%
2021	0.63%	0.69%	0.85%	0.60%
2020	0.77%	0.80%	1.25%	0.70%
2019	0.84%	0.96%	1.29%	0.84%
2018	1.26%	1.00%	1.36%	0.88%
2017	1.03%	1.21%	1.56%	1.00%
2016	1.57%	1.45%	1.73%	1.32%
2015	1.36%	1.21%	1.42%	1.07%
2014	1.17%	1.19%	1.32%	1.08%
2013	1.15%	1.16%	1.28%	1.01%

시킹알파에서 배당수익률 확인하기

삭감도 없었다는 것을 한눈에 알 수 있다. 이 회사는 배당금을 계속 늘려오고 있는 괜찮은 회사라는 것을 판단할 수 있다.

가장 중요한 것은 배당성장률이기 때문에 이 정도만 살펴봐도 충분하다. 하지만 추가로 더 살펴보고 싶다면 상단으로 돌아가서 'Dividend Yield(배당수익)을 살펴보자(⑦). 하단의 'Dividend Yield History(배당수익 기록)' 그래프를 보면(⑧)

'Average Yield(평균 수익)'를 통해 매년 평균적인 배당수익률이 얼마 정도였는지를 알 수 있다. 현재의 배당수익률과 비교하면서 높은 수준인지 낮은 수준인지 아니면 평균 수준인지를 한 번씩 확인하는 것이다.

우리말이 아니라서 처음에는 당황스러울 수 있지만 익숙해지면 사이트에 접속해서 필요한 부분만 딱딱 찾아볼 수 있다. 헤맨다고 뭐라 할 사람도 없다. 겁먹지 말고 한 번 도전해보자. 몇 번 해보면 익숙해질 것이다.

매크로트렌즈

매크로트렌즈(www.macrotrends.net)라는 사이트에서는 개별 기업의 2009년부터 현재까지의 재무제표를 확인할 수 있다. 사이트에 접속하면 광고가 떠서 번거롭지만 무료 서비스니까 그 정도는 감수하고 보고 있다.

국내 기업이든 미국 기업이든, 주식 투자를 할 때는 재무제표를 꼭 봐야 한다. 회계 전공자도 아니고 재무제표를 볼 줄도 모르는데 어떻게 하느냐고 걱정할 필요 없다. 재무제표 역시 모든 항목을 봐야 하는 게 아니라 몇 가지만 확인하면 되기 때문에 그렇게 어렵지 않다.

매크로트렌즈 사이트에 접속해서 첫 화면의 검색창에 공부하려는 종목의 티커를 입력한다. 비교하기 쉽게 이번에도 무디스(MCO)를 검색해보자. 종목 이름을 입력해도 되고, 티커를 입력해도 된다. 이때 종목을 입력하고 바로 엔터를 누르는 게 아니라 그 아래에 쭉 나오는 리스트 중에서 원하는 정보를 클릭해야 한다. MCO라는 티커 옆에 'Revenue(매출), Gross Profit(매출총이익), Operating Income(영업이익)' 등등 다양한 정보가 나오는데, 어차피 무디스라는 기업의 카테고리 안에 들어가면 모두 살펴볼 수 있으므로 아무거나 선택해도 된다.

무디스에 대한 페이지에 들어왔다면, 굵은 제목 아래에서 'Financials(재무)'라는 탭을 볼 수 있다(①). 이게 바로 재무제표다. 참고로, 한국과 마찬가지로 미국에서도 재무제표는 세 개의 표로 나뉘는데, 여기에 나와 있는 'Income Statement(손익계산서), Balance Sheet(재무상태표 또는 대차대조표), Cash Flow Statement(현금흐름표)가 그것이다. 마지막에 나와 있는 'Key Financial Ratios(핵심 재무비율)'은 이 세 표의 내용을 요약해서 지수로 나타낸 것이라고 보면 된다.

매크로트렌즈에서 재무제표 확인하기

이제 여기서 무엇을 봐야 할까? 딱 두 개만 기억하면 된다. 가장 앞에 나와 있는 'Income Statement(손익계산서)' 탭(②)에 나와있는 'Revenue(매출액)'(③)와 'Operating Income(영업이익)'(④)만 봐도 충분하다. 재무제표를 확인할 때 내가 가장 중요하게 생각하는 요소가 바로 이 두 가지다. 매출액과 영업이익은, 이 회사가 장사를 잘하고 있느냐를 보여주는 지표이다. 이 두 가지가 안정적이어야 주가도 오르고 배당도 꾸준히 해줄 수

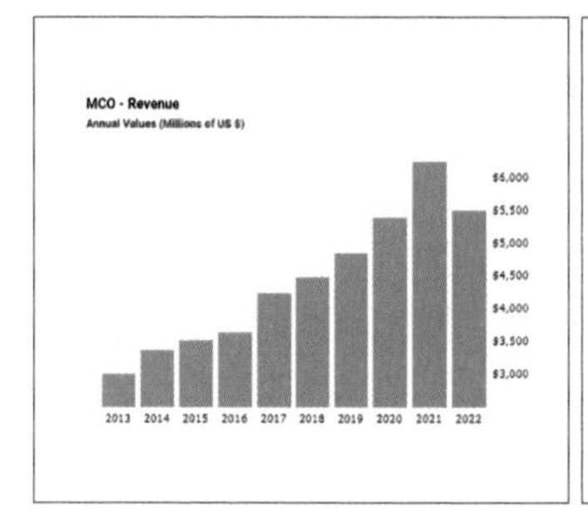

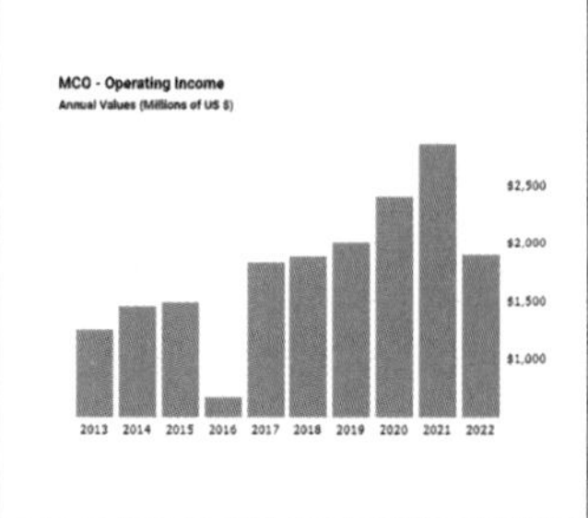

무디스의 매출액(좌)과 영업이익(우) 추이

있다.

표를 보면 무디스의 매출액은 시장 상황에 따라 한두 해 주춤하긴 했지만 10년 이상 장기적인 관점에서 봤을 때는 꾸준히 늘고 있다. 영업이익 역시 마찬가지다. 그래프 모양 아이콘을 누르면 수치를 그래프로 볼 수도 있으니 이걸 봐도 좋다.

장기투자를 생각한다면 매출액과 영업이익, 이 두 가지만 봐도 큰 지장이 없으니 재무제표를 너무 어렵게 생각하지 말고 꼭 확인하는 습관을 들였으면 좋겠다.

다른 예를 한번 들어보자. 엑슨모빌(XOM)이라는 회사를 한번쯤 들어봤을 것이다. 미국의 손꼽히는 정유회사로, 한때 시가총액 1위를 기록하기도 했던 글로벌기업이다. 그런데 이 종목을 매크로트렌즈에서 검색해보면 매출액과 영업이익이 들쭉날

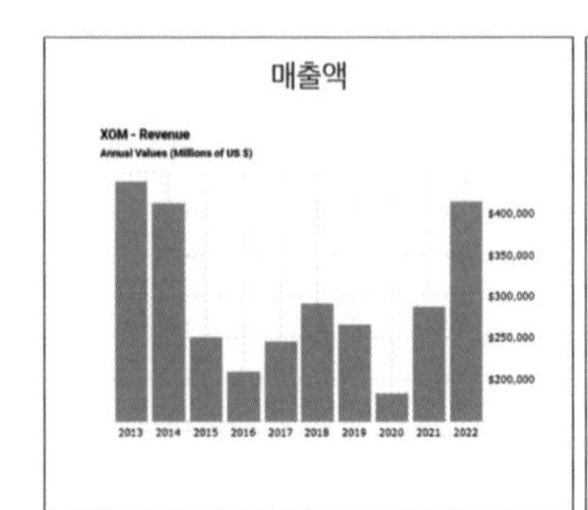

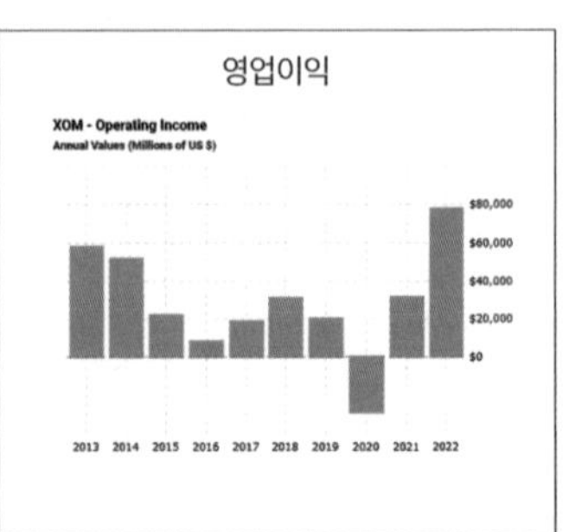

엑슨모빌

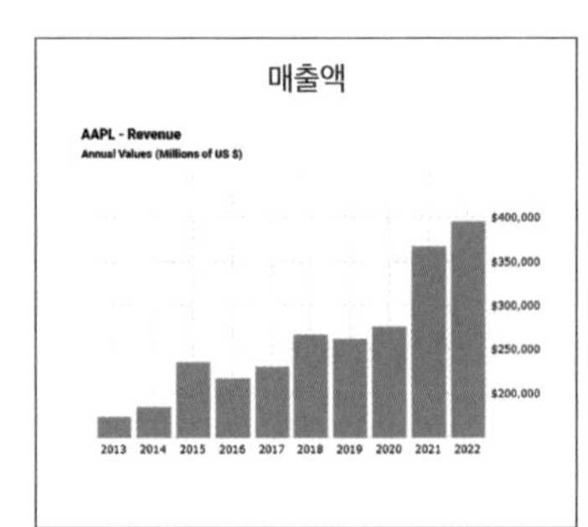

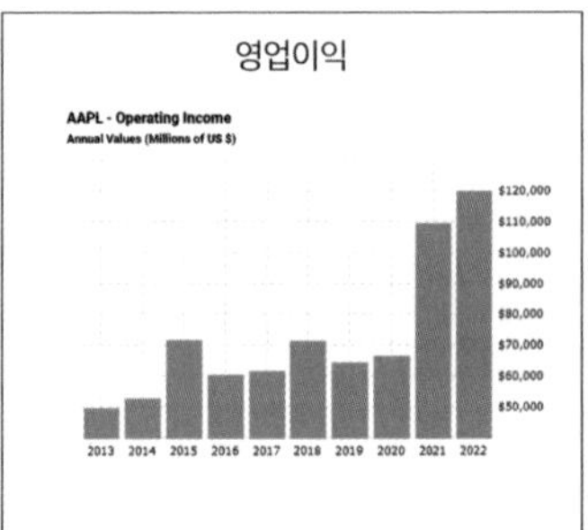

애플

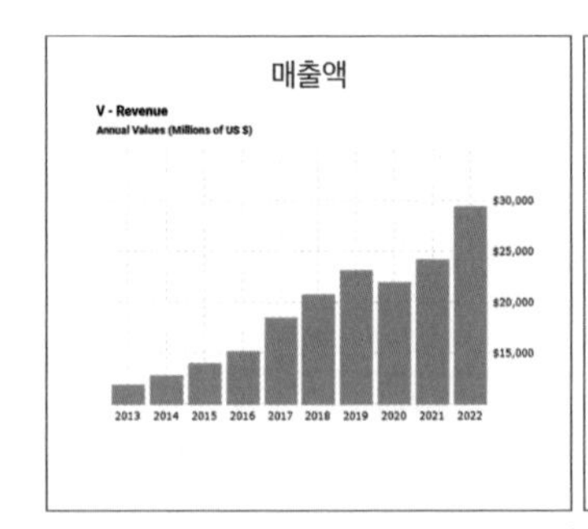

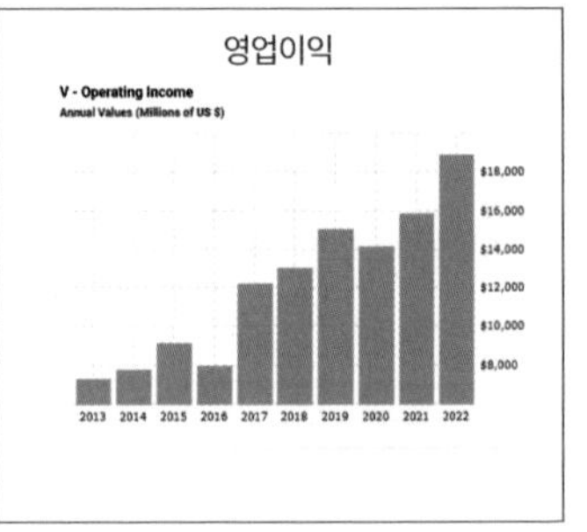

비자

기업별 매출액(좌) 및 영업이익(우) 추이

쭉하고, 장기적으로는 점점 떨어지고 있음을 확인할 수 있다. 이런 회사는 내가 투자하고자 하는 회사가 아니다.

이번엔 애플(AAPL)을 한번 보자. 애플은 매출액과 영업이익이 모두 늘어나는 추세이므로 투자하기 좋은 종목이다. 단, 애플은 배당성장주에 속하기 때문에 배당률이 상당히 낮으므로, 추후 시세차익을 목적으로 장기적인 접근을 하는 게 좋겠다.

하나만 더 살펴보자. 이번에는 내가 좋아하는 기업인 비자(V)다. 검색을 해보면 놀랄 수도 있다. 매출액과 영업이익이 계속해서 쭉쭉 늘어나고 있기 때문이다. 이처럼 내가 좋다고 생각하는 회사는 모두 장기적으로 우상향한다는 공통점이 있다. 물론 중간중간 살짝 조정을 받을 수는 있지만 꾸준히 상승하는 기업이 좋은 기업이다.

엑슨모빌처럼 편차가 너무 심한 기업은 일단 투자 대상에서 제외한다. 이런 회사에 투자를 하지 않는 이유는 또 있다. 과거에는 석유 에너지를 많이 사용했으니 정유회사인 엑슨모빌이 시가총액 1위까지 할 수 있었지만 점점 석유 에너지보다 친환경 에너지를 보급하려는 노력이 커지고 있다. 이제는 주변에서 전기차를 흔하게 볼 수 있고 내연기관 자동차 생산을 제한하려는 국가도 점점 늘어나는 추세다. 이러한 변화에 따라 엑슨모빌은 시가총액 10위권 밖으로 밀려난 지 오래다.

과거에 좋은 투자처로 선정한 종목이라도 꾸준히 관찰해야 하는 이유가 여기에 있다. 내가 투자한 기업에 문제가 생기지는 않았는지, 그 종목이 속한 분야가 사양산업은 아닌지, 그리고 그 기업이 가지고 있던 기술력이나 브랜드파워에 문제가 생기지는 않았는지를 항상 주시하면서 문제가 생겼다면 매도를 진지하게 고민해 보아야 한다.

국내 주식을 선택할 때 사용하는 도구들

나의 배당주 포트폴리오에는 국내 기업의 비중이 크지 않지만 아예 없는 것은 아니라서, 보유한 국내 주식을 주기적으로 확인할 필요가 있다. 이번에는 국내 주식을 살펴보기에 적합한 사이트를 설명하려고 한다. 배당주뿐만 아니라 국내 주식에 투자할 때 기본적으로 활용하면 좋은 사이트들이므로 반드시 알아두는 게 좋다.

에프앤가이드 상장기업분석

주식 투자를 하는 분이라면 '에프엔가이드'라는 이름을 한 번쯤 들어봤을 것이다. 에프앤가이드는 국내 기업의 정보를 제공하는 한국 사이트다. 국내 상장기업들의 지분구조는 물론 재무제표, 실적 발표, 컨센서스 등을 제공하고, 한눈에 파악하기 좋도록 요약페이지도 제공하고 있다.

에프앤가이드는 기본적으로 유료 사이트지만 여기에서 제공하는 상장기업분석 사이트(comp.fnguide.com)는 무료로 이용할 수 있다. 내가 주로 이용하는 서비스 역시 이것이므로 여기에서는 상장기업분석 사이트를 가지고 설명해보고자 한다.

사이트에 접속하면 종목명을 넣어 검색할 수 있다(①). 예를 들어 '삼성전자'를 넣어보면, 맨 처음에 나오는 'snapshot' 탭에서는 이 종목의 대략적인 정보를 요약해서 보여준다. 구체적으로 살펴보면 3개월, 1년, 3년을 기준으로 각각의 주가추이, 시세현황, 운용사 보유현황, 주주현황 그리고 간단한 기업 설명 등이 나와 있다.

더 아래로 내려가면 'Financial Highlight'가 나오는데 이게 재무제표다(②). 여기서도 마찬가지로 매출액과 영업이익이 꾸준히 늘고 있는지를 기본적으로 확인해야 하고, 추가로 부채비율까지 확인하면 더욱 좋다. 부채비율은 3년 치까지 확인 가능하다.

이처럼 에프엔가이드는 여러 가지 지표를 간략하게 보여주기 때문에 알고 싶은 종목을 한눈에 빠르게 살펴보기에 적합하

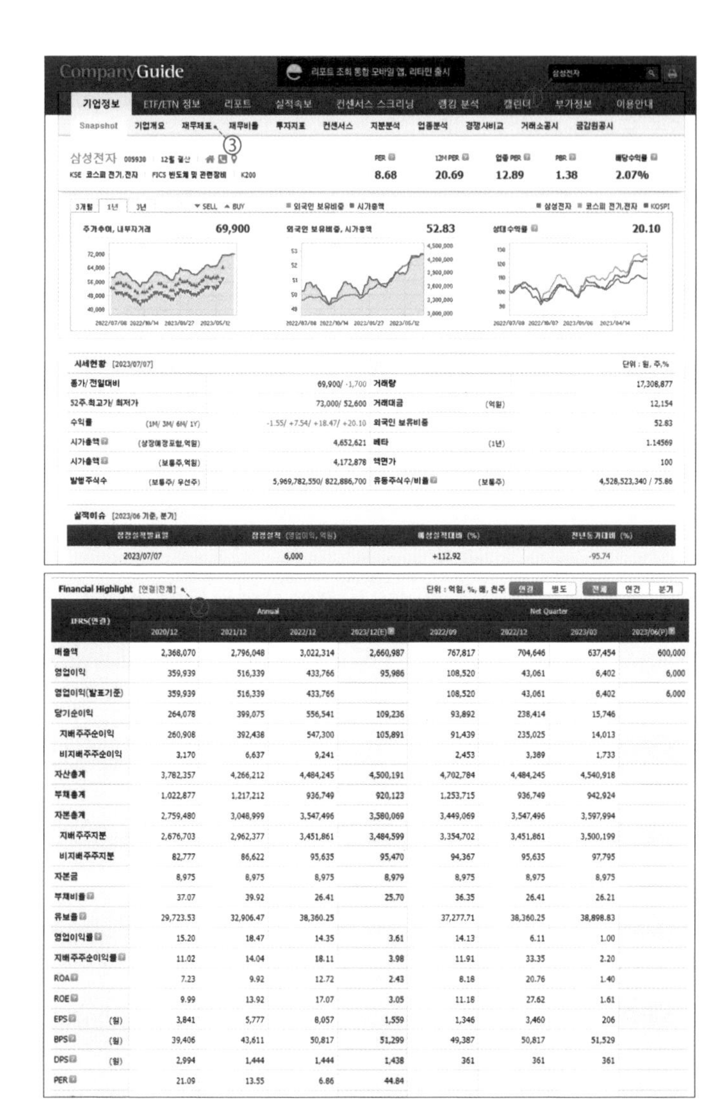

시세현황 [2023/07/07] 단위 : 원, 주,%

항목		값	항목		값
종가/ 전일대비		69,900/ -1,700	거래량		17,308,877
52주.최고가/ 최저가		73,000/ 52,600	거래대금	(억원)	12,154
수익률	(1M/ 3M/ 6M/ 1Y)	-1.55/ +7.54/ +18.47/ +20.10	외국인 보유비중		52.83
시가총액	(상장예정포함,억원)	4,652,621	베타	(1년)	1.14569
시가총액	(보통주,억원)	4,172,878	액면가		100
발행주식수	(보통주/ 우선주)	5,969,782,550/ 822,886,700	유동주식수/비율	(보통주)	4,528,523,340 / 75.86

실적이슈 [2023/06 기준, 분기]

잠정실적발표일	잠정실적 (영업이익, 억원)	예상실적대비 (%)	전년동기대비 (%)
2023/07/07	6,000	+112.92	-95.74

Financial Highlight [연결|전체] 단위 : 억원, %, 배, 천주 연결 별도 전체 연간 분기

IFRS(연결)	Annual				Net Quarter			
	2020/12	2021/12	2022/12	2023/12(E)	2022/09	2022/12	2023/03	2023/06(P)
매출액	2,368,070	2,796,048	3,022,314	2,660,987	767,817	704,646	637,454	600,000
영업이익	359,939	516,339	433,766	95,986	108,520	43,061	6,402	6,000
영업이익(발표기준)	359,939	516,339	433,766		108,520	43,061	6,402	6,000
당기순이익	264,078	399,075	556,541	109,236	93,892	238,414	15,746	
지배주주순이익	260,908	392,438	547,300	105,891	91,439	235,025	14,013	
비지배주주순이익	3,170	6,637	9,241		2,453	3,389	1,733	
자산총계	3,782,357	4,266,212	4,484,245	4,500,191	4,702,784	4,484,245	4,540,918	
부채총계	1,022,877	1,217,212	936,749	920,123	1,253,715	936,749	942,924	
자본총계	2,759,480	3,048,999	3,547,496	3,580,069	3,449,069	3,547,496	3,597,994	
지배주주지분	2,676,703	2,962,377	3,451,861	3,484,599	3,354,702	3,451,861	3,500,199	
비지배주주지분	82,777	86,622	95,635	95,470	94,367	95,635	97,795	
자본금	8,975	8,975	8,975	8,979	8,975	8,975	8,975	
부채비율	37.07	39.92	26.41	25.70	36.35	26.41	26.21	
유보율	29,723.53	32,906.47	38,360.25		37,277.71	38,360.25	38,898.83	
영업이익률	15.20	18.47	14.35	3.61	14.13	6.11	1.00	
지배주주순이익률	11.02	14.04	18.11	3.98	11.91	33.35	2.20	
ROA	7.23	9.92	12.72	2.43	8.18	20.76	1.40	
ROE	9.99	13.92	17.07	3.05	11.18	27.62	1.61	
EPS (원)	3,841	5,777	8,057	1,559	1,346	3,460	206	
BPS (원)	39,406	43,611	50,817	51,299	49,387	50,817	51,529	
DPS (원)	2,994	1,444	1,444	1,438	361	361	361	
PER	21.09	13.55	6.86	44.84				

에프앤가이드에서 국내 기업 현황 확인하기

다. 이런 정보를 먼저 훑어본 후에 하나씩 자세히 확인해 보면 크게 도움이 된다.

해당 종목의 재무상태를 좀 더 구체적으로 살펴보고 싶다면 상단의 '재무제표' 탭을 클릭해보자(③). 여기에서는 전년 동기는 실적이 어땠는지, 전년 동기 대비 얼마나 증가 혹은 감소했는지 등 구체적인 재무상태를 볼 수 있다. 제일 중요한 건 역시 영업이익과 매출액이 꾸준히 늘고 있는지 여부다. 미국 주식이든 한국 주식이든 본질은 다르지 않다.

에프엔가이드에서는 앞으로 이 종목이 어떨지 예상치를 보여주기도 한다. 하지만 최근까지 계속 좋았던 기업이라면 앞으로의 예상치도 좋게 나오는 편이고, 최근에 별로 좋지 않았던 기업이라면 다음 분기 실적도 별로 안 좋게 예상하는 경향이 있기 때문에 너무 의존하지는 말고 참고용으로만 봐도 충분하다.

네이버증권

국내 주식의 배당금을 확인할 때는 복잡할 것 없이 네이버증

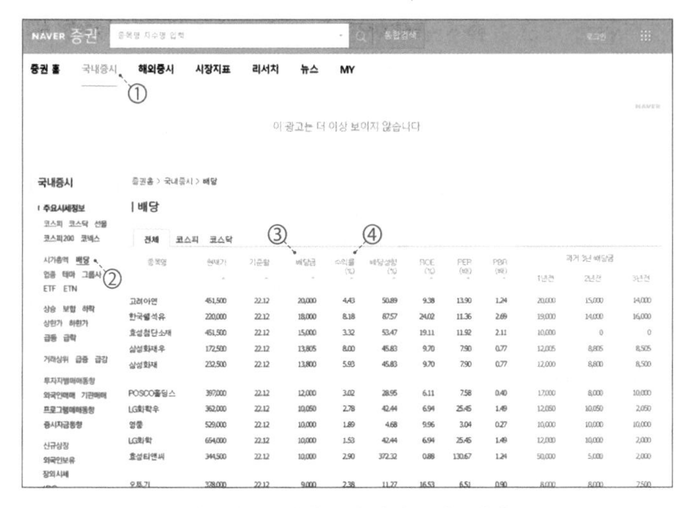

종목명	현재가	기준월	배당금	수익률 (%)	배당성향 (%)	ROE (%)	PER (배)	PBR (배)	과거 3년 배당금 1년전	2년전	3년전
고려아연	451,500	22.12	20,000	4.43	50.89	9.38	13.90	1.24	20,000	15,000	14,000
한국쉘석유	220,000	22.12	18,000	8.18	87.57	24.02	11.36	2.69	19,000	14,000	16,000
효성첨단소재	451,500	22.12	15,000	3.32	53.47	19.11	11.92	2.11	10,000	0	0
삼성화재우	172,500	22.12	13,805	8.00	45.83	9.70	7.90	0.77	12,005	8,805	8,505
삼성화재	232,500	22.12	13,800	5.93	45.83	9.70	7.90	0.77	12,000	8,800	8,500
POSCO홀딩스	397,000	22.12	12,000	3.02	28.95	6.11	7.58	0.40	17,000	8,000	10,000
LG화학우	362,000	22.12	10,050	2.78	42.44	6.94	25.45	1.49	12,050	10,050	2,050
영풍	529,000	22.12	10,000	1.89	4.68	9.96	3.04	0.27	10,000	10,000	10,000
LG화학	654,000	22.12	10,000	1.53	42.44	6.94	25.45	1.49	12,000	10,000	2,000
효성티앤씨	344,500	22.12	10,000	2.90	372.32	0.88	130.67	1.24	50,000	5,000	2,000
오뚜기	328,000	22.12	9,000	2.38	11.27	16.53	6.51	0.90	8,000	8,000	7,500

네이버증권에서 국내 배당주 비교하기

권(finance.naver.com)을 이용하면 편하다. 네이버증권에 접속한 후 상단의 '국내증시' 메뉴로 들어가면(①) 왼쪽에서 다양한 메뉴를 볼 수 있는데, 그중에서 '배당'을 누르면 국내 주식 종목의 배당금을 쉽게 확인할 수 있다(②).

네이버금융은 3년 치 배당금 정보를 제공하는데, 배당금이 높은 순(③) 또는 배당수익률이 높은 순(④)으로 정렬할 수 있어 편리하다. 국내 주식 중 어떤 것이 고배당주인지 쉽게 찾아낼 수 있기 때문이다.

단, 배당금이 늘어나고 있는 지, 배당을 삭감한 이력이 있는지 여부를 꼼꼼히 확인해야 한다. 미국 주식에 비해 한국 주식은 배당삭감이 자주 일어나는 편이므로 이 부분을 반드시 체크해야 한다. 배당삭감 없이 배당을 늘려오고 있는 기업이 있다면 그 기업을 자세하게 분석해서 투자 여부를 판단하면 된다.

아이투자 스톡워치

네이버금융은 국내 배당주를 분석할 때 유용하지만 과거 배당금 지급 내역을 3년 치밖에 제공하지 않아서 아쉬운 부분이 있다. 그 문제를 보완해주는 사이트가 아이투자에서 운영하는 스톡워치(stockwatch.co.kr)이다.

스톡워치에서는 10년 치 배당정보(배당금과 배당률)를 볼 수 있을 뿐 아니라 10년 치 재무제표도 확인할 수 있기 때문에 개별종목을 분석할 때 좋다. 나는 네이버증권으로 배당금과 배당수익률을 비교해서 후보 종목들을 추린 후, 스톡워치를 활용해서 좀 더 깊이 분석한다. 이때도 핵심적으로 보는 부분은 매출액과 영업이익의 추세다. 장기적으로 우상향 중이라면 매우 좋다고 볼 수 있다.

스톡워치에서 국내 개별종목 분석하기

증권사 HTS

좀 더 장기간의 재무제표를 보려면 증권사의 HTS(Home Trading System) 프로그램이 편리하다. 투자에 활용되는 데이터 범위가 장기이면 장기일수록 좋다고 생각하기 때문에 10년 치 데이터 확인은 당연하고, 가능하면 그 이상의 데이터도 공부해 보길 권한다.

HTS 프로그램은 증권사가 개별적으로 만들어서 제공하기 때문에 업체별로 차이가 있지만 기본적으로 기업의 매출액, 영업이익, 영업이익률, 부채비율 등의 주요 재무 정보를 약 20년치까지 제공하는 경우가 많다. 일부 증권사의 경우 배당금, 배당수익률, 배당성향 등의 값을 입력하면 조건에 맞는 종목만 선별해주는 서비스도 제공한다. 이처럼 유용한 기능이 많기 때문에 HTS로 주식만 사고팔 게 아니라 다양한 정보를 적극적으로 활용하길 바란다.

포트폴리오를 구성할 때 사용하는 도구들

어떤 종목이 좋은지 찾아보고 골라내는 연습을 했다면 이제부터는 추려낸 개별 종목 중에서 무엇을 얼마나 담아야 할지를 고민할 차례다.

그렇게 하기 위해서는 지금까지의 방법을 통해 추려낸 후보 종목들의 성과를 한 번씩 백테스팅 해봐야 한다. 그 결과를 보고 최종적으로 내 포트폴리오에 담을 것인지, 담는다면 얼마나 담을 것인지를 결정한다. 포트폴리오를 구성할 때 내가 자주 활용하는 사이트를 설명해보겠다.

포트폴리오 비주얼라이저

앞에서 초고배당주, 고·중배당주, 배당성장주의 특징을 이야기하면서 실제 주식 세 가지를 예로 들어 비교한 적이 있다. 10년간 세 종목에 각각 1만 달러를 투자했을 때 실제 수익은 어땠는지를 비교하면서 백테스팅이 왜 중요한지를 설명했는데, 바로 이 백테스팅을 해보기에 좋은 사이트가 바로 포트폴리오 비주얼라이저(portfoliovisualizer.com)다.

포트폴리오 비주얼라이저는 개별 기업의 연평균 수익률과 주가상승률을 장기간에 걸쳐 보여준다. 이 기능을 이용해서 내가 과거에 이 종목을 10년 동안 담아두었다면 어떤 결과가 나왔을지를 미리 생각해볼 수 있다. 이렇게 한 번씩 백테스팅을 해보면 포트폴리오를 구성할 때는 생각하지 못했던 결과가 나와서 당황스러울 때도 있지만 그만큼 실수를 줄일 수 있다.

사이트에 접속하면 첫 화면 왼쪽에 'Backtest Portfolio(백테스트 포트폴리오)'가 보인다. 그 아래 두 번째 줄에 있는 'Backtest Portfolio'를 클릭하면 'Portfolio Model Configuration(포트폴리오 모델 구성)'이라는 메뉴로 들어가게 된다. 여기에 종목을 넣어 내 포트폴리오의 수익률을 시뮬레이션해볼 수 있다. 이제부터 백테스팅을 어떻게 하는지 구체적으로 살펴보자.

기본 설정 입력하기

PORTFOLIO VISUALIZER　Examples　Docs　Contact　Pricing　Tools　Sign Up　Log In

Portfolio Model Configuration

Time Period	Year-to-Year	①
Start Year	1985	
End Year	2023	②
Include YTD	No	
Initial Amount	$ 10000 .00	③
Cashflows	None	④
Rebalancing	Rebalance annually	
Leverage Type	None	
Reinvest Dividends	Yes	⑤
Display Income	No	
Factor Regression	No	
Benchmark	None	
Portfolio Names	Default	

기본 설정 입력하기

가장 먼저 기본 조건을 설정한다. 맨 위의 'Time Period(기간)'는 결과를 얼마 단위로 볼 것인지를 설정하는 부분이다(①). 'Year-to-Year(연도별)'로 볼 수도 있고 'Month-to-Month(월별)'로 볼 수도 있다. 그 아래에 있는 'Start Year(시작하는 해)'는 아무것도 건드리지 않으면 1985년으로, 'End Year(끝나는 해)'는 현재 연도로 기본 설정이 되어 있다(②).

그다음 'Initial Amount(초기금액)'에 나의 투자금을 넣으면 된다(③). 여기서는 1만 달러를 넣어보겠다. 'Cashflows(추가적립금)'는 옵션을 통해 매번 같은 금액을 투자하는 옵션

(contribute fixed amount), 매번 같은 금액을 인출하는 옵션(withdraw fixed amount), 매번 같은 비율의 금액을 인출하는 옵션(withdraw fixed amount)을 선택할 수 있다(④). 퇴직 등으로 현금흐름이 없어 매월 일정한 금액을 인출해야 하는 상황이라면 필요에 따라 설정해서 백테스팅을 해볼 수 있다.

'Reinvest Dividends(배당금 재투자)' 항목은 받은 배당금을 다시 투자금에 포함할지 선택하는 곳이다(⑤). 재투자를 하는 경우는 'yes'를, 하지 않는 경우는 'No'를 선택하면 된다. 나는 이 정도까지만 조건을 설정하고, 나머지는 초기 설정을 그대로 적용한다. 구체적인 의미를 알고 싶다면 다음 표를 참고하기 바란다.

포트폴리오 비주얼라이저 용어 설명

Time Period	백테스팅을 연 단위(Year-to-Year)로 할지 혹은 월 단위(Month-to-Month)로 할지 설정.
Start Year	시작 연도.
End Year	끝나는 연도.
Include YTD	올해 현재까지(year to date)의 성과를 포함할지 말지를 설정.
Initial Amount	처음 투입하는 투자금.

Time Period	백테스팅을 연 단위(Year-to-Year)로 할지 혹은 월 단위(Month-to-Month)로 할지 설정.
Start Year	시작 연도.
End Year	끝나는 연도.
Include YTD	올해 현재까지(year to date)의 성과를 포함할지 말지를 설정.
Initial Amount	처음 투입하는 투자금.
Cashflows	매월 추가적립 또는 인출하는 금액. 매번 같은 금액 추가(contribute fixed amount), 매번 같은 금액 인출(withdraw fixed amount), 매번 같은 비율 인출(withdraw fixed amount)로 설정 가능.
Rebalancing	포트폴리오의 비율을 재조정하는 리밸런싱의 기간 설정. 리밸런싱 안 함(No Rebalancing), 1년(anually), 반년(semi-anually), 분기(quartally), 월(monthly) 등으로 설정 가능.
Leverage Type	레버리지 포함 여부. 일정 금액(Fixed Debt Amount) 또는 일정 비율(Fixed Leverage Ratio)로 설정 가능.
Reinvest Dividens	배당금 재투자.
Display Income	배당, 적립금, 인출금 등을 그래프로 표시.
Factor Regression	성과에 영향을 주는 팩터 모델 적용 여부.
Benchmark	포트폴리오가 S&P500 등의 특정지수 대비 얼마의 수익을 냈는지 확인할 수 있음.
Portfolio Names	각 포트폴리오의 이름 설정 가능.

한 종목의 백테스팅

조건을 모두 설정했으면 이제 구체적인 종목의 성과를 살펴

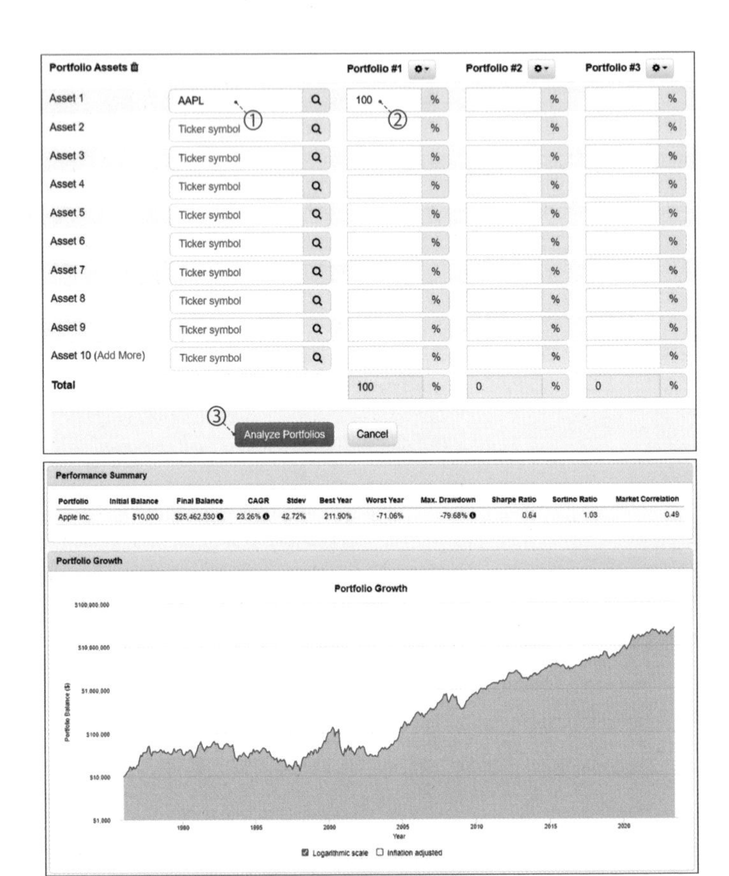

한 종목만 백테스팅하기(애플)

볼 차례다. 먼저 한 종목에만 투자하는 경우를 살펴보자.

예를 들어 1만 달러를 애플(AAPL)에 모두 투자했다고 했을 때 결과가 어땠는지 궁금하다면, 'Asset 1'에 애플의 티커인

AAPL을 입력한다(①). 그다음 Portfolio#1에는 포트폴리오에서 애플이 차지하는 비중을 입력한다(②). 여기서는 1만 달러를 애플에만 모두 투자하기로 가정했으므로 100을 입력하면 된다. 이제 애플이 100%를 차지하는 1만 달러짜리 가상의 포트폴리오인 'Portfolio#1'이 만들어졌다.

그 다음 하단의 'Analyze Portfolio(포트폴리오 분석)' 버튼을 눌러보자(③). 아래로 스크롤을 내려보면 수십년 간의 'Portfolio Growth(포트폴리오 성장)'가 그래프로 나타난 것을 볼 수 있다. 1985년 이래 Portfolio#1에 투자한 자금이 계속 증가한 것을 볼 수 있다.

여러 종목의 백테스팅

이번에는 한 종목에만 투자하되 다른 종목과 비교하는 방법을 살펴보자. 예를 들어 1만 달러를 애플(APPL)에 투자할지, 마이크로소프트(MSFT)에 투자할지 확신이 서지 않을 때 해볼 만한 방법이다.

먼저 앞에서와 마찬가지로 'Asset 1'에 APPL을 입력하고, Portfolio#1에는 100%를 입력한다. 그리고 이번에는 두 번째 줄인 'Asset 2'에 마이크로소프트의 티커인 MSFT를 입력하고(④),

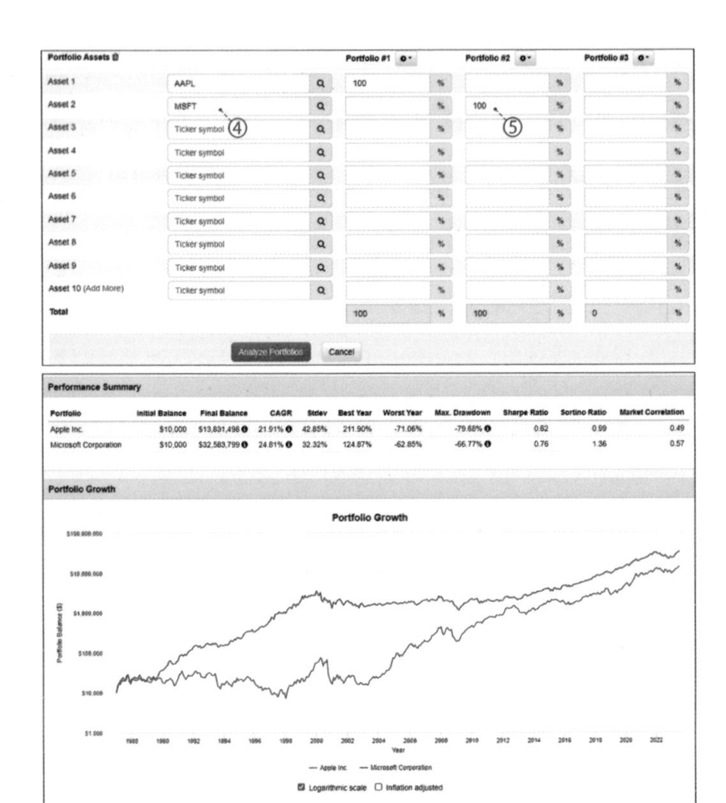

Portfolio	Initial Balance	Final Balance	CAGR	Stdev	Best Year	Worst Year	Max. Drawdown	Sharpe Ratio	Sortino Ratio	Market Correlation
Apple Inc.	$10,000	$13,831,498	21.91%	42.85%	211.90%	-71.06%	-79.68%	0.62	0.99	0.49
Microsoft Corporation	$10,000	$32,583,799	24.81%	32.32%	124.87%	-62.85%	-66.77%	0.76	1.36	0.57

두 종목을 비교해서 백테스팅하기(애플, 마이크로소프트)

이번에는 두 번째 칸인 Portfolio#2에 비중 100%를 입력한다(⑤). 그러면 똑같은 조건에서 애플만 100% 담긴 포트폴리오와 마이크로소프트만 100%가 담긴 포트폴리오가 두 개 생긴 셈이다.

하단에 있는 'Analyze Portfolio(포트폴리오 분석)' 버튼을 누르고 스크롤을 내려보면 이번에는 그래프가 두 줄이 된 것을 확인할 수 있다. 애플로만 구성된 Portfolio#1과 마이크로소프트로만 구성된 Portfolio#2의 그래프다. 처음에는 Portfolio#2(마이크로소프트)가 압도적으로 높았지만 현재는 거의 비슷해지고 있는 것을 확인할 수 있다. 이렇게 포트폴리오 비주얼라이저를 활용하면 백테스트 결과를 총 세 종목까지 쉽게 비교할 수 있다.

시장 평균과 비교하기

앞서 언급한 요소들과 더불어 꼭 추가하는 것이 있다. 바로 S&P500 지수(SPY)다. S&P500 지수란 국제신용평가기관인 스탠더드앤드푸어스(S&P)가 500개 종목의 주가를 기준으로 산출하여 작성하는 주가지수로, 미국에서 가장 많이 활용되는 주가지수다.

S&P500 지수를 확인하면, 개별종목의 성과가 S&P500의 성과, 즉 시장의 평균적인 성과보다 잘 나왔는지 비교해 볼 수 있다. 나는 수익률이 S&P500 지수보다 높은 종목에만 투자를 한다. 그렇지 않으면 개별종목에 투자를 하는 의미가 없다고 생각

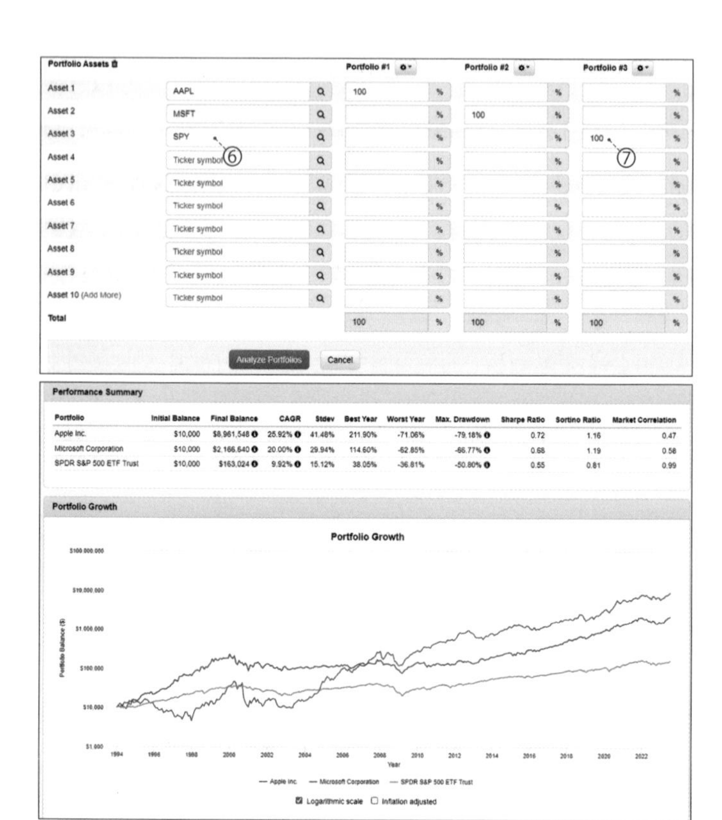

Performance Summary

Portfolio	Initial Balance	Final Balance	CAGR	Stdev	Best Year	Worst Year	Max. Drawdown	Sharpe Ratio	Sortino Ratio	Market Correlation
Apple Inc.	$10,000	$8,961,548	25.92%	41.48%	211.90%	-71.06%	-79.18%	0.72	1.16	0.47
Microsoft Corporation	$10,000	$2,166,640	20.00%	29.94%	114.60%	-62.85%	-66.77%	0.68	1.19	0.56
SPDR S&P 500 ETF Trust	$10,000	$163,024	9.92%	15.12%	38.05%	-36.81%	-50.80%	0.55	0.81	0.99

시장평균과 함께 백테스팅하기(애플, 마이크로소프트, S&P500)

하기 때문이다. S&P500보다 수익률이 낮으면 왜 굳이 개별종목에 투자를 할까? 그냥 S&P500 지수를 추종하는 펀드에 투자하면 되는데 말이다.

S&P500와 개별종목을 비교하는 방법은 어렵지 않다. 앞서

Portfolio#1에는 애플(APPL)을, Portfolio#2에는 마이크로소프트(MSFT)를 입력했다면 Portfolio#3에는 S&P500 지수의 티커인 SPY를 입력해보자(⑥). 비율은 각각 100%이다(⑦). 그러면 세 가지의 그래프가 함께 나오면서 쉽게 비교가 된다.

성장률이 크지 않은 초고배당주는 S&P500보다 높지 않은 경우도 많다. 성장보다는 배당금에 더 집중하는 종목이기 때문이다. 하지만 배당성장주는 반드시 S&P500 지수보다 높아야 한다.

배당성장주와 초고배당주가 어떻게 다른지 살펴보기 위해 이번에는 초고배당주에 속하는 구겐하임펀드(GOF)와 S&P500을 한 번 비교해보자. 그냥 클릭하면 2008년부터 분석이 될 텐데, 이때는 서브프라임 모기지 사태라는 특수한 상황이 있었으므로 조금 뒤인 2011년부터로 변경해보겠다.

이렇게 놓고 보면 구겐하임펀드가 S&P500보다 수익률이 조금 떨어지는 걸 볼 수 있다. '생각보다 많이 떨어지지는 않네?' 라고 생각할 수 있다. 그렇다면 이번에는 위의 조건 설정으로 돌아가서 'Reinvest Dividends(배당금 재투자)'를 'No'로 설정한 후 다시 분석해보자. 아까와 다르게 차이가 크게 벌어지는 것을 볼 수 있다.

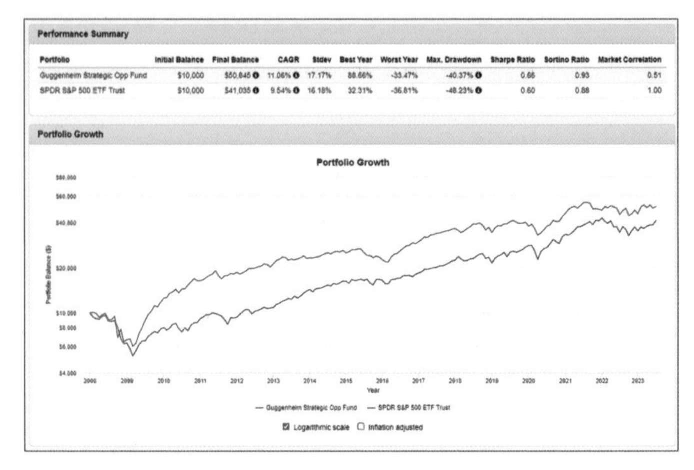
Performance Summary

Portfolio	Initial Balance	Final Balance	CAGR	Stdev	Best Year	Worst Year	Max. Drawdown	Sharpe Ratio	Sortino Ratio	Market Correlation
Guggenheim Strategic Opp Fund	$10,000	$50,845	11.06%	17.17%	88.66%	-33.47%	-40.37%	0.66	0.93	0.51
SPDR S&P 500 ETF Trust	$10,000	$41,035	9.54%	16.18%	32.31%	-36.81%	-48.23%	0.60	0.88	1.00

S&P500와 구겐하임펀드의 비교(재투자)

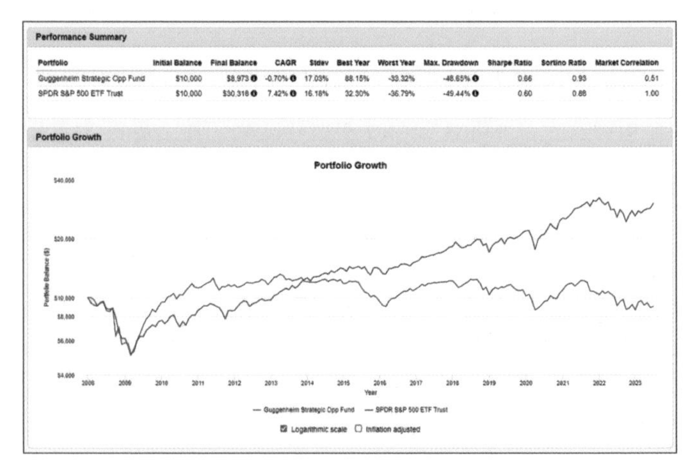
Performance Summary

Portfolio	Initial Balance	Final Balance	CAGR	Stdev	Best Year	Worst Year	Max. Drawdown	Sharpe Ratio	Sortino Ratio	Market Correlation
Guggenheim Strategic Opp Fund	$10,000	$8,973	-0.70%	17.03%	88.15%	-33.32%	-48.65%	0.66	0.93	0.51
SPDR S&P 500 ETF Trust	$10,000	$30,318	7.42%	16.18%	32.30%	-36.79%	-49.44%	0.60	0.88	1.00

S&P500와 구겐하임펀드의 비교(재투자 안 함)

굳이 배당금 재투자를 해제한 후에 비교해본 이유는 구겐하임펀드와 같은 초고배당주의 경우 배당금으로 현금흐름을 만드는 데에 적합하기 때문이다. 만약 이 종목을 배당금을 받기 위해 투자했다면, 그 배당금을 재투자하기보다는 생활비로 사용할 가능성이 크기 때문에 재투자를 하지 않는 조건으로 분석해본 것이다. 이렇게 하면 S&P500보다 수익률이 현저히 떨어지는 걸 볼 수 있다.

그러나 아무리 미래 수익률이 높지 않아도 상황에 따라 현재의 배당금이 더 중요한 경우도 있다. 그러므로 내 투자 목적에 맞게 설정하여 분석하되 꾸준히 상승하는지 여부를 중요하게 보기 바란다.

종목 비중에 따른 백테스팅

이번에는 여러 종목에 투자했을 때 어느 종목에 얼마의 비중을 실을지 분석해보자. 한 번에 백테스트를 해볼 수 있는 포트폴리오는 세 개까지이고 각 포트폴리오에는 다양한 종목을 담을 수 있다. 이때 한 포트폴리오에 담긴 종목 비율의 합계는 반드시 100%여야 한다. 예를 들어 두 종목을 균등하게 매수한다면 각각 50%씩 입력하고, 다섯 종목이라면 각각 20%씩 입력하

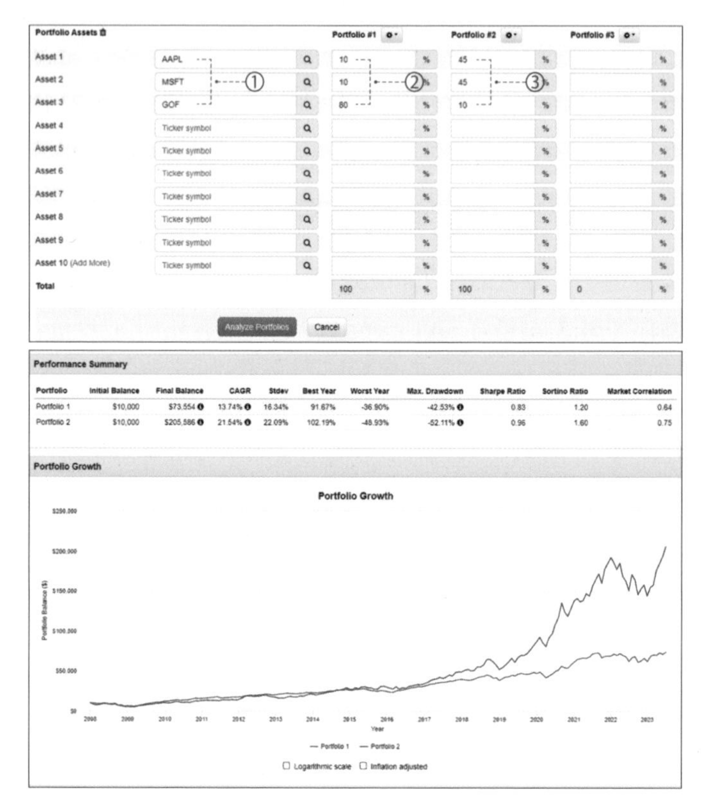

Portfolio	Initial Balance	Final Balance	CAGR	Stdev	Best Year	Worst Year	Max. Drawdown	Sharpe Ratio	Sortino Ratio	Market Correlation
Portfolio 1	$10,000	$73,554	13.74%	16.34%	91.67%	-36.90%	-42.53%	0.83	1.20	0.64
Portfolio 2	$10,000	$205,586	21.54%	22.09%	102.19%	-48.93%	-52.11%	0.96	1.60	0.75

종목 비중이 다른 포트폴리오의 백테스팅

는 식이다.

구체적으로 예를 들어보자. 포트폴리오에 애플(APPL), 마이크로소프트(MSFT), 구겐하임펀드(GOF)를 담고 싶은데 무엇을 얼마의 비중으로 담을지 고민되는 상황이라면 어떻게 비교해

볼 수 있을까?

먼저 'Asset 1', 'Asset 2', 'Asset 3'에 각각 'APPL, MSFT, GOF'를 입력하자(①). 그 후에 Portfolio#1에는 애플(APPL) 10%, 마이크로소프트(MSFT) 10%, 구겐하임펀드(GOF) 80%의 비율을 입력한다(②). 그러면 고배당주인 구겐하임펀드(GOF)가 많이 들어간 배당금 중심 포트폴리오가 된다.

Portfolio#2에는 비중을 달리 해서 입력해보자. 이번에는 애플(APPL) 45%, 마이크로소프트(MSFT) 45%, 구겐하임펀드(GOF) 10%의 비율로 입력해보겠다(③). 이렇게 하면 고배당주보다는 배당성장주의 비중이 높아진 시세차익 중심 포트폴리오가 된다.

두 가지 포트폴리오를 비교해보면 Portfolio#2의 연평균 수익률은 20.96%, Portfolio#1의 연평균 수익률은 14.67%임을 알 수 있다. 시간이 지날수록 배당성장주의 비중이 높은 Portfolio#1의 수익률이 더 커졌다. 이렇게 비율을 다르게 한 포트폴리오를 구성한 후, 한발 더 나아가서 그 결과를 S&P500만 100%로 설정했을 때와 비교해볼 수도 있다. 그러면 내 포트폴리오가 시장의 평균적인 성과를 앞지르는지 아닌지를 확인할 수 있다.

백테스팅 결과는 과거 지표이긴 하지만 전부터 꾸준히 안정적으로 성장했던 기업들은 앞으로도 계속 그럴 가능성이 큰 것은 사실이다. 단, 그 기업이 속한 산업이나 브랜드파워에 큰 타격이 없는 상태를 전제로 한다. 보유하고 있는 종목을 계속 모니터링하면서 문제가 생겼을 때는 리밸런싱하고 그렇지 않다면 장기보유하면서 배당금을 받고 시세차익도 누리면 된다.

참고로, 상장한 지 얼마 안 된 종목은 비교할 수 있는 기간이 그만큼 짧기 때문에 정확도가 떨어진다. 나는 이런 종목의 결과는 빼버리고 상장된 지 오래된 종목만 백테스팅에 포함시켰다. 이런 식으로 거의 모든 종목을 백테스팅 해본 후 투자할 종목을 골라냈다.

더리치

포트폴리오를 구성하고 실제로 투자했다면, 이번에는 내가 받게 될 배당금 금액과 날짜가 궁금해질 것이다. 이럴 때 나는 주로 '더리치'라는 스마트폰 앱을 사용하는데, 아마 많은 분들이 사용하고 있지 않을까 싶다. 스마트폰으로 바로바로 입력할

기본 설정 입력하기

수 있고, 종목별 배당수익률이나 월별 배당금을 세전 및 세후로 계산할 수 있으며, 배당 시기 확인도 가능해서 편리하다. 백테스팅 기능도 있긴 한데 데이터가 10년 치만 제공되기 때문에 이 부분은 앞서 설명한 포트폴리오 비주얼라이저를 활용하고 나머지 기능만 애용하고 있다.

앱을 다운받은 후 회원가입을 하고 사용 중인 증권사를 연동해야 한다. 공인인증서가 필요하기 때문에 미리 스마트폰에 공인인증서를 저장해두는 게 좋다. 여러 곳의 증권사를 연동할 수도 있고 하나하나 직접 입력해서 포트폴리오를 짤 수도 있다.

자산 입력이 끝나면 포트폴리오를 한 번에 정리해서 보여주는데, 내가 담아놓은 종목에 따라 '예상 배당금'을 월별로 계산해준다.

종목별 비중을 그래프로 살펴보는 데에도 유용하지만 특히 '배당구성' 메뉴를 활용하면 어떤 종목에서 얼마만큼의 배당금이 나오는지를 한눈에 확인할 수 있어 편하다. 배당받는 날짜를 알려주는 '배당 캘린더' 기능도 있다.

특히 재미있는 부분은 다른 사람의 포트폴리오를 볼 수 있다는 점이다. 다른 사람들은 배당주 포트폴리오를 어떻게 구성했나, 왜 이렇게 구성했을까 생각하며 살펴보면 여러 가지 아이디어를 얻을 수 있다. 현재는 국내와 미국, 일본, 영국, 캐나다 주식만 서비스하고 있다는 점이 조금 아쉽다.

안목을 넓히기 위해 사용하는 도구들

배당주 투자는 장기전이기 때문에 한번 매수한 종목은 웬만하면 팔지 않겠다는 생각으로 매수해야 한다. 하지만 미래를 확신하는 것만큼 어리석은 일도 없다. 열심히 분석하고 신중하게 선택한 종목이라도 예기치 못한 문제가 발생할 수 있기 때문이다.

그래서 투자에는 넓은 안목이 필요하다. 투자한 기업이 안정적으로 운영되고 있는지, 계속 성장하고 있는지, 배당삭감은 하지 않는지, 치명적인 문제가 발생하진 않았는지를 꾸준히 살펴야 한다. 그리고 시장의 흐름 역시 놓치면 안 된다. 투자에 필요한 정보를 수집하고, 수집한 정보를 바탕으로 통찰력을 발휘하여 포트폴리오를 보완하고 수정해야 한다.

많은 분이 "주식 투자를 하고 싶은데 뭐부터 공부해야 할지 모르겠어요"라며 고충을 토로하는데, 그럴 때는 증권사 보고서

(리포트) 읽기부터 시작해보기를 권한다. 분명 한글로 쓰여 있는데 무슨 말인지 도통 모르겠고, 까만 건 글씨요 하얀 건 종이라는 생각밖에 안 들 수 있다. 그러나 포기하지 않고 날마다 하나씩 꾸준히 읽는 습관을 들이면 가랑비에 옷 젖듯 나도 모르게 지식이 쌓인다. 어느 순간부터 신문이나 뉴스에 내가 봤던 내용이 나오거나, 대화를 나눌 때 그와 관련된 이야기가 나올 때가 있다. 전에는 안 들렸던 내용이 단번에 이해가 되면서 마치 갑자기 외국어에 귀가 트이듯 들리는 날이 올 것이다.

한화투자증권 해외주식 투자정보

나는 종목에 대한 증권사 보고서(리포트)를 매일 보면서 흥미로운 내용은 재테크 소모임 '부릿지'에 공유한다. 보고서를 보면 애널리스트가 해당 종목을 어떤 시각으로 보는지, 요즘은 어떤 이슈가 있는지, 무엇에 중점을 두고 있는지를 알 수 있다.

해외주식의 정보를 얻기 위해서 주로 활용하는 사이트는 한화증권 해외주식 투자정보(hanwhawm.com)인데 미국과 중국 기업의 보고서와 시장분석 자료를 무료로 제공해준다. 우리나라가 아닌 해외 기업의 기업정보를 확인하려면 영어나 해당 국가의 언어를 알아야 하지만 우리나라 증권사에서 발행하는 보고서로 쉽게 확인할 수 있다.

다만 보고서의 수가 많지는 않다. 시기별로 편차가 있어서 한두 개만 가끔 올라올 때도 있고 실적 발표 시즌에는 꽤 많이 올라오기도 한다. 원하는 종목이 전부 다 있는 것도 아니어서 필요하면 추가로 검색해서 찾아봐야 하지만 종종 궁금하던 종목이 올라올 때는 그렇게 반가울 수가 없다.

한경컨센서스

국내 시장에 대한 보고서는 주로 한경컨센서스(consensus.hankyung.com)에서 본다. 주식 시장 분위기에 따라 올라오는 보고서의 양도 달라지는데, 분위기가 좋으면 굉장히 많은 보고서가 올라와서 읽느라 벅찰 때도 있고 분위기가 안 좋으면 읽을 게 별로 없을 때도 있다. 그래도 국내 기업과 산업에 관한 보고서를 매일 무료로 볼 수 있으니 공부하기에 이만한 게 없다.

보고서를 읽을 때 주의할 점

투자를 잘 하려면 증권사 보고서를 많이 읽어야 한다고 강조하면서도 늘 당부하는 말이 있다. 바로, 보고서를 맹신하면 안 된다는 점이다. 보고서 파일을 다운받아서 열면 가장 먼저 보이는 건 아마도 '매수', '유지'와 같은 애널리스트 의견이거나 목표주가는 얼마인지, 목표주가를 상향하는지 하향하는지에 대한 부분일 것이다. 초보자들은 이런 말에 혹해서 '지금 사야 하는 것 아닌가'라며 조바심을 내기도 한다.

보고서를 꾸준히 읽다 보면 알게 되겠지만 대부분의 보고서는 '매수' 의견이 적혀 있다. 사실 애널리스트 입장에서 감히 '매도' 의견을 내기가 어려울 것이다. 증권사 주요 고객은 기업이고 기업대출, 주식 및 채권 발행, 인수합병 등 다양한 이해관계가 얽혀있기 때문에 기업과 원만한 관계를 유지해야 한다. 뿐만 아니라 '매도' 의견을 냈을 경우 그 종목을 보유하고 있는 주주들에게 엄청난 비난을 받기도 한다. 그 의견 때문에 파는 사람이 많아지면 주가가 하락할 것이기 때문이다.

증시 분위기가 계속 좋으면 보고서에도 좋다고 나오고 분위기가 안 좋으면 보고서에도 안 좋다고 나오는 경우가 많다. 그래서 이것만 보고 '빨리 사야 하겠구나'라고 생각하면 절대 안 된다. 보고서는 맹신해야 할 대상이 절대 아니다.

보고서를 참고하여 이 산업이 현재 어떠한지, 이 회사의 모멘텀★이 어떤지, 그 산업이 속한 시장은 지금 어떻고 전망은 어떤지 등을 살펴야 한다. 전문가는 어떻게 시장과 산업, 그리고 기업을 바라보고 있는지를 확인하는 용도 이상의 의미를 가져서는 안 된다.

남이 좋다고 하는 말만 듣고 전혀 공부하지 않은 상태에서 하는 '묻지마 투자'는 절대 하면 안 된다. 내가 돈을 넣은 투자처에 확신을 갖지 못하면 단순히 일시적인 조정이 왔을 뿐인데도 지옥을 경험할 수 있다. 이 종목의 장기적 비전을 알지 못

모멘텀

Momentum. 본래는 물리학 용어로써 움직이는 물체의 운동량이나 추진력 또는 곡선의 기울기를 의미하지만, 증권에서는 주가가 오르거나 떨어지는 힘의 세기를 뜻한다. 예를 들어 주가가 계속 오르고 있어도 모멘텀이 둔화되면 향후 하락할 가능성이 있다는 뜻이다. 종목에서는 주가의 추세를 전환시킬 만한 재료(호재 또는 악재)를 뜻하기도 한다.

하니 다시 회복될 거라는 믿음도 없고 가만히 있다가는 손실이 더 커질까 무서워서 못 견디고 손절 해버리게 된다. 그러니 매번 손해만 볼 수밖에 없다. 그리고 '아, 역시 투자는 나랑 안 맞아'라며 재테크 시장을 영영 떠나버리기도 한다. 그렇게 떠나고 나면 경제적 자유는 영영 멀어지게 될지도 모른다.

지금까지 알려준 사이트가 무척 많고, 해야 할 일도 많다고 느껴질지 모른다. "이걸 다 해야 하나요?"라는 질문도 종종 받는다. 그러면 나는 "네, 저는 다 했어요"라고 자신 있게 답한다. 절대 남들 말에 휘둘려 투자하고 싶지 않아서, 어떤 종목이 정말 좋은지 내가 직접 확인해야 한다는 생각 때문이다. 소중한 내 돈이 아닌가. 힘들게 벌어서 모은 돈에 대한 결정권은 오롯이 나에게 있어야지, 남의 말 한마디에 흔들리면 곤란하다. 행복하게 오래오래 투자하고 싶다면 여러분도 그렇게 해야 한다.

누구나 돈을 많이 벌어서 부자가 되고 싶어 하지만 월급만으로는 결코 부자가 될 수 없다. 그래서 투자를 해야 하는 것이다. 종잣돈도 없고 실력도 부족하다는 생각이 들더라도 항상 투자 시장에 발을 담그고 있어야 한다. 돈을 조금씩 모으며 관심 있는 종목의 재무제표를 확인하기도 하고, 산업 동향과 시세 트래킹(관측)도 확인하면서, 어느 가격에 매수하면 좋을지도 고민해

보아야 한다. 그렇게 작은 수익이라도 내면 정말 뿌듯하고, 매일 고달프기만 했던 하루하루가 재미있어질 것이다.

실전분석

배당주 투자 현황을 공개합니다

많은 분이 궁금해하는 나의 배당주 투자 진행 상황과 포트폴리오 일부를 공개해보려고 한다. 이것은 어디까지나 공부하는 데에 참고하시라는 의미일 뿐 모범답안이라는 뜻은 아니다. 포트폴리오는 각자 상황에 맞게 달라져야 하기 때문이다.

아래의 그림은 '더리치' 앱에서 캡처한 나의 투자 포트폴리오 그래프다. 다양한 섹터로 구성되어 있음을 확인할 수 있을 것이다. 실제로 나는 금융주 ETF, 첨단 기술, 소비재, 유틸리티, 헬스케어, 통신까지 두루두루 분산해두었다. 안전성을 최우선으로 두기 때문이다. 투자금 규모가 적은 편도 아니고 기간도 장기적으로 보고 있으므로, 특정 종목이나 산업에 치우치지 않게 분산함으로써 어느 한 종목에 문제가 생기더라도 큰 영향을 받지 않도록 포트폴리오를 구성했다.

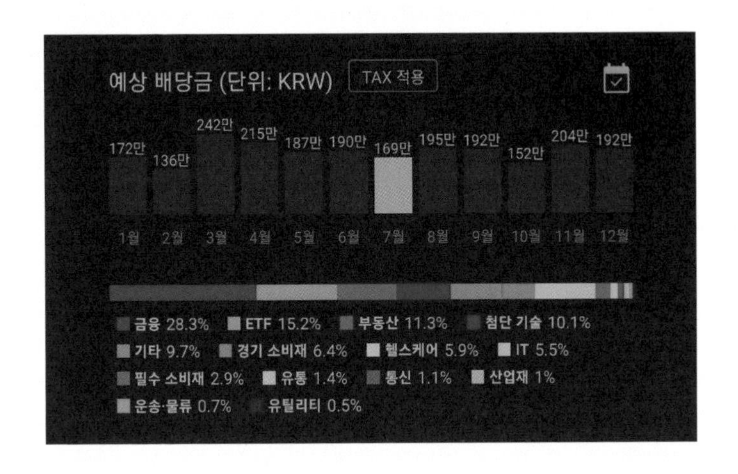

아래 그림은 2023년 7월를 기준으로 나의 배당금 상황을 캡처한 것으로, 월평균 세후 약 188만 원의 배당금이 매월 나온다. 초고배당주 약 25%, 고·중배당주 약 25%, 배당성장주 약 50%로 향후 시세차익이 기대되는 배당성장주에 좀 더 무게를 두고 구성했다. 전체 포트폴리오의 배당수익률은 6~7% 수준인데, 이 비율은 앞으로도 계속 유지할 계획이다.

이런 식으로 현재까지 배당금에 투자한 금액은 약 3억 원 정도다. 생활비에서 절약한 돈을 보태고 배당받은 돈을 한 푼도 쓰지 않고 재투자하고 있다. 투자해두었던 부동산을 처분하는 경우 그 수익도 일부 배당주에 투자하여 점점 규모를 늘릴 계획이다.

구체적으로는 5년 안에 배당금 월 500만 원, 총 투자액 7억 원 달성이 목표다. 사람 일은 어떻게 될지 모르기 때문에 반드시 이뤄진다고 말할 수는 없겠지만 불가능할 거라는 생각은 들지 않는다. 생활비를 절약하여 1년에 1,000만 원 이상을 저축하고 있고, 현재 세팅만으로도 배당금이 매년 세후 2,252만 원 정도 나오기 때문에 이미 5년간 투자금 1억6,200만 원은 확보한 셈이다. 단순 계산 결과는 이렇고, 여기에 배당주를 재투자함으로써 발생하는 복리의 마법이 더해진다면 투자 규모는 빠르게 늘어날 것이다.

배당금이 불어나는 속도는 생각보다 빠를 수 있다. 실제로 나의 2022년 목표는 배당금으로 월평균 50만 원 달성이었는데 한 해를 마무리하고 보니 월평균 80만 원을 넘었다. 그리고 월 500만 원 만들기 프로젝트를 시작한지 1년 6개월이 된 2023년 7월 2,252만3,531원. 어느덧 월평균 약 188만 원을 달성한 상태다. 물론 월배당과 분기배당 종목이 섞여 있고 종목마다 배당률도 전부 다르기 때문에 매월 받는 배당금은 들쑥날쑥하지만, 나중에 배당금으로 안정적인 생활을 하기 위해서 최대한 매월 비슷한 금액이 나오도록 구성하고 있다.

그러니 여러분도 부디 '나는 그만한 돈이 없으니 안되겠네'

라며 포기하지 말길 바란다. 단돈 10만 원, 20만 원이라도 하루 빨리 시작하여 배당금을 조금씩이라도 받게 된다면 그것이 다시 재투자되어 복리의 마법을 가져다줄 것이다. 어느 날 내 통장에 배당금 5만 원이 들어온다면 기분이 어떨까? 이걸 누구 코에 붙이냐고 생각할지도 모르지만 막상 받아보면 다르다. 나와 함께 투자했던 사람들은 그 적은 돈에 감동하여 더욱 힘을 내서 재투자하고, 그렇게 조금씩 배당금을 늘려가고 있다. 내가 자는 동안에도 돈이 벌린다는 것은 정말 행복한 경험이다. 특히 나처럼 절반가량을 배당금이 거의 없는 배당성장주로 구성하지 않고 고배당주에 비중을 둔다면 더 적은 투자금으로 더 빠르게 든든한 현금흐름을 만들 수 있다.

배당금 기록을 보고 있으면 얼마나 든든한지 모른다. 가끔 남편이 회삿일에 지쳐 있을 때면 이 화면을 보여주며 "자기가 벌어온 월급이 이렇게 불어나고 있어. 조금만 고생하면 조기은퇴하고 파이어족이 될 수 있으니까 그때까지만 힘내자"라고 응원하는 용도로 사용한다. 우리는 아이디를 공유해서 언제든 재테크 현황이나 재정 상태를 공유하고 있는데, 부부라면 이렇게 해보는 것도 좋은 것 같다.

절약이나 재테크 강의를 할 때 "배우자가 협조를 잘 안 해주는데 어떻게 하면 좋을까요"라는 질문을 많이 받는다. 그럴 때 이 방식으로 성과를 공유해보면 어떨까. 우리가 열심히 벌고 모으는 돈이 이렇게 축적되고 있다는 것을 느끼는 순간 상당수의 배우자가 협조적으로 변하곤 한다. 내가 벌어온 돈을 흥청망청 다 써버리지 않고 알뜰살뜰 모으면서 자산을 불리고 있다는데 어느 누가 싫어할까? 부부가 함께 미래 계획을 세우고 과정을 공유하면서 포트폴리오를 만들어 가는 것만큼 좋은 일도 없을 것이다.

제4장

이제 실전 투자를 해보자

나의 배당주 투자 5원칙

나의 주식 투자 원칙을 한마디로 정리하면, 독점적 지위나 강력한 브랜드파워를 가진 좋은 회사의 주식을 쌀 때 사서 오래 보유하는 것이라고 말할 수 있다. 배당주뿐만 아니라 일반 주식 투자에서도 항상 지키는 원칙이다. 널리 알려진 간단한 원칙이지만 엄청난 인내심이 필요하고 지키기 매우 어려운 원칙이기도 하다.

수많은 사람이 단기간에 큰 수익을 꿈꾸며 주식 시장에 들어왔다가 엄청난 손실을 보고 떠나는 경우를 많이 봤다. 앞서 말한 원칙이 백프로 성공을 보장하지는 않지만 손실을 최소화하고 이익을 극대화할 좋은 방법이라는 확신이 있다. 이번 장에서는 큰 원칙 아래 구체적으로 어떤 투자 전략을 추구하고 있는지를 이야기해보려고 한다.

좋은 주식을 쌀 때 산다

늘 강조하는 말이 '좋은 주식을 쌀 때 사라'는 것이다. 장래가 촉망되는 종목이 있지만 당장은 매수하기 부담스러운 금액이라면 기다리라고, 그러면 싸진다고, 절대 추격매수하지 말라고 말한다. 특히 배당주처럼 장기보유가 필요한 주식은 무조건 쌀 때 사야 배당수익률은 물론 시세차익도 극대화할 수 있다.

주가가 많이 떨어졌지만 때를 놓쳐버리는 바람에 다시 올라버렸더라도 절대 추격매수는 하지 말자. 좋은 주식은 꾸준히 우상향하지만 일시적인 조정은 반드시 발생한다.

커피를 좋아하는 내가 항상 눈여겨보고 있던 종목은 스타벅스(SBUX)였는데, 이 종목은 팬데믹 이후에도 큰 조정 없이 주가가 수직상승하는 바람에 좀처럼 매수타이밍을 잡지 못했다. 2020년 3월에 50달러였던 것이 2021년 7월에는 126달러로 두 배 이상 상승했다. 나도 사람인지라 마음이 조급해지는 건 어쩔 수 없었지만, 원칙에 따라 추격매수를 하지 않고 꾹 참기로 했다. 빠르게 오른 종목은 그만큼 하락 위험성이 높다고 열심히 되뇌면서 말이다.

그러던 어느 날, 중국이 코로나 봉쇄 정책을 펴면서 매출 둔화에 대한 우려가 커졌고 주가는 급락하기 시작했다. 주가가 80달러 아래로 떨어졌을 때, 이 정도면 괜찮은 가격대라 생각해서 2022년 4월부터 분할매수를 시작했다.

이후 스타벅스는 다시 회복세를 보이면서 2023년 7월 현재 100달러 언저리를 유지하고 있다. 이 종목은 지금까지 계속 보유 중이고, 앞으로도 특별한 문제가 없는 한 매도하지 않을 예정이다.

초고배당주는 크게 오르거나 떨어지지 않고 박스권을 형성하는 경우가 많기 때문에 저점을 잡기가 수월한 편이다. 박스권 하단 근처에서 분할매수하면 된다. 물론 더 떨어질 수도 있지만, 그럼 좋은 기회라고 생각하고 더 사면 된다. 어느 가격에 얼마 정도를 사겠다는 기준을 미리 정해놓고 기다리는 것이다. 나는 매수할 종목을 미리 추려놓고 매일 밤 미국 증시가 열리면 주가를 확인하면서 때를 노린다. 단, 주식에서 백프로 확신은 금물이므로, 일단 전저점 부근까지 왔을 때 어떻게 움직이는지를 볼 필요가 있다.

초고배당주는 주가 흐름이 비교적 안정적이기 때문에, 기업에 아무런 문제가 없고 영업이익과 매출도 괜찮은데 주가만 떨어진다면 대부분 시장 분위기 때문인 경우가 많다. 그래서 시장의 전반적인 분위기를 보면서 판단해야 한다.

중요한 건 적정한 가격이 올 때까지 요동치는 마음을 잘 다스리는 것이다. 기다리는 시간이 견디기 힘들다면 그동안 공부를 하면서 종잣돈을 모으는 데에 더욱 집중하는 것도 좋다. 이 책을 집필할 수 있었던 것도 어쩌면 긴 조정기 덕분이다. 글쓰기는 지루한 조정기를 버티는 데에 큰 도움이 되었다.

한 번에 사지 말고 분할매수한다

내가 사려던 종목이 괜찮은 가격까지 내려왔더라도 흥분해서 투자금 전체를 '몰빵'하지 말고 분할매수하는 게 좋다. 바닥인 줄 알았는데 지하실이 있었다는 말, 주식 투자를 해보았다면 한 번쯤 들어보았을 것이다. 이쯤이면 바닥이겠다 싶어서 매수했는데 더 떨어질 가능성도 충분히 있다. 하지만 미리 알기는 어렵기 때문에 한 번에 다 사지 말고 나눠서 매수하면서 대응해야 한다. 어차피 배당주는 목표했던 배당금을 달성할 때까지 계속 사 모을 거니까 기다렸다가 사고, 기다렸다 사고를 반복해도 된다.

세계적인 스포츠 의류업체 나이키B(NKE)는 배당성장주로 매우 좋은 종목이라 생각되어 눈여겨보고 있었다. 그러다가 코로나 팬데믹 이후 중국에서의 성장성 둔화에 대한 우려가 퍼지면서 주가가 급락하여 2022년 5월에 120달러까지 떨어졌다. 몇 개월 전만 해도 170달러를 넘던 상황이었으니 이 정도면 많이 싸졌다고 판단하고 매수에 들어갔다.

하지만 이번에는 상황이 예상과 달리 흘러갔다. 이후로도 주가는 계속 하락하여 2022년 10월에는 82달러까지 떨어졌다. 분할매수를 하면서 조금씩 사 모았기에 망정이지, 만약 120달러에서 한번에 매수했다면 어땠을까? 훨씬 더 싸게 살 기회를 놓쳐서 두고두고 땅을 쳤을 것이다.

여러 가지 지표를 보면서 어느 정도 예측을 할 뿐, 신이 아닌 이상 누구도 주가를 완벽히 맞출 수는 없다. 그렇기 때문에 분할로 매수하는 것이다. 떨어지면 더 사고, 떨어지면 더 산다. 다 사기 전에 가격이 올라버렸다면 기다렸다 사면 된다. 가진 돈을 한 번에 다 써버리는 바람에 주가가 더 떨어졌을 때 사지 못하면 얼마나 속상할까? 더 싸게, 더 많이 살 기회를 놓치지 않으려면 선부른 '몰빵'은 금물이다.

업종별로 적절히 분산한다

나의 배당주 포트폴리오는 굉장히 다양한 산업으로 분산되어 있고, 금액도 골고루 나뉘어 있다. 당연히 리스크 관리를 위해서다.

그런데 무조건 여러 종목을 사는 것이 분산투자는 아니라는 사실에 유의해야 한다. 앞서 말했듯 분산투자는 종목별로 나누는 것이 아니라 업종별로 분산하는 것이다. 예를 들어 국민은행, 신한은행, 기업은행의 세 종목을 매수했다면 분산투자를 한 게 아니라 금융주라는 한 업종에 집중투자한 셈이다. 금융주에 몇 퍼센트, 기술주에 몇 퍼센트, 에너지주에 몇 퍼센트 하는 식으로 업종별로 투자해야 진짜 분산투자라고 할 수 있다.

그런데, 만약 투자금이 적다면 오히려 분산투자를 하는 게 좋지 않다. 분산투자는 위험을 줄이기 위한 것인데, 위험은 투자금이 커질수록 높아진다. 하지만 투자금이 적다면 집중 투자를 하는 게 낫다. 투자금이 적을 때 분산투자를 하면 오히려 돈을 벌기 어렵다.

나 역시 초반에는 분산투자를 하지 않았다. 팬데믹으로 증시가 급락해서 기회가 왔을 때 가용할 수 있는 현금은 1,300만 원

뿐이었는데 이 돈을 분산하겠다고 쪼개면 벌 수 있는 돈이 적어지기 때문이다.

주식은 적은 돈으로 투자할 수 있다는 게 장점이긴 하지만, 어느 정도 여유가 있다면 한 종목당 최소 500만 원 이상은 투자하는 게 좋다. 그래야 어떤 종목에서 수익이 10% 나면 50만 원을, 20% 나면 100만 원을 벌 수 있다. 하지만 한 종목의 투자금이 100만 원밖에 안 되면 수익이 10%일 때 10만 원, 20%가 돼도 20만 원밖에 안 된다. 심지어 주식 투자에서 20%의 수익을 낸다는 것은 굉장히 어려운 일이기 때문에 실제로는 더 적다고 생각해야 한다.

초반에는 집중투자를 하고, 점차 자산이 불어나고 투자금의 규모가 커지면 그때 분산을 고려해야 한다. 나는 현재 한 종목당 500만 원이 아니라 훨씬 많은 금액을 투자하지만, 투자 초기보다 분산투자에 신경을 훨씬 많이 쓰고 있다. 규모가 커지면 잃을 것도 많으니 당연한 일이다.

배당주 투자는 장기간 꾸준히 주식을 모으면서 목표한 만큼의 현금흐름을 만들어 가는 것이 기본이다. 적금 불입액이 늘어나듯이 투자금도 시간이 지날수록 점점 늘어날 것이다. 초기에는 집중 투자를 하더라도 장기적으로는 분산투자를 미리 계획하고 매수해 나가는 게 좋다.

배당성장주는 장기보유한다

배당성장주의 핵심은 장기보유라고 생각한다. 보유 기간이 길어질수록 수익이 커진다. 해당 종목의 성장에 따라 주가가 올라가고, 복리효과가 일어나기 때문이다.

많은 사람의 지갑 속에서 흔히 찾아볼 수 있는 회사가 있다. 바로 전 세계 전자결제 시장의 절대강자인 비자(V)이다. 2020년 팬데믹 발생 직후 급락한 가격일 때 사서 아들 계좌에 넣어주었고 지금까지 보유하고 있다. 앞에서 설명했듯 비자는 배당성장주에 해당하는 종목으로 배당금은 낮은 편이다. 그런데 2020년 당시 1.22달러에 불과하던 주당 배당금이, 2022년에는 1.57달러로 2년 만에 28.7% 증액했다. 얼마 안 되는 금액이고 아들의 미래를 위해 매수한 종목이라서 받은 배당금은 그대로 재투자하고 있는데 아마도 복리효과를 크게 누릴 수 있을 듯하다. 장기보유할수록 큰 수익을 가져다주리라고 확신하는 종목 중 하나다.

배당주에 투자했다면 제발 '사팔사팔(사고 팔고 사고 팔고)'은 하지 말자. 무슨 큰일이 일어난 것도 아닌데 다른 급등주들과 비교하면서 '내 주식만 너무 안 움직이는 거 같아. 이 주식을 팔고 다른 종목을 사고 싶어'라고 생각하는 사람들이 많다. 혹은 '너무 많이 올랐는데 살짝 떨어질 것 같아서 팔고 싶어'라거나 반대로 '너무 떨어져서 속상해. 그냥 손절해버리고 싶어'라고 생각하기도 한다. 배당주 투자는 그렇게 해서는 안 된다. 경영상 중대한 문제가 발생했다면 과감히 매도해야 하지만 그게 아니라면 계속해서 보유하는 걸 목표로 삼아야 한다.

물론 이것은 처음부터 종목을 잘 선정했다는 전제가 뒷받침되어야 한다. 처음부터 종목 선정을 잘했다면 일시적인 조정이 올 때마다 마음의 지옥을 경험하지 않고 오래 버틸 수 있다. 그렇기 때문에 힘들어도 꾸준한 공부와 분석을 지속해야 한다고 강조했던 것이다.

"투자의 성공은 얼마나 오랫동안 세상의 비관론을 무시할 수 있는지에 달려 있다. 훌륭한 기업을 보유하고 있다면 시간은 당신의 편이다."

유명한 투자자 피터 린치(Peter Lynch)가 한 말이다. 시장이 전반적으로 조정을 받고 주가가 박살이 났더라도, 훌륭한 기업이라는 확신을 가지고 매수했다면 세상이 뭐라 하든 무시하고 계속 가지고 있어야 돈을 번다는 의미다. 배당주 투자는 장기전이라는 것을 절대 잊지 말자.

투자에 범위를 정하지 않는다

주식 투자를 할 수 있는 종목은 매우 많고 주식과 관련된 투자 상품도 매우 다양하다. 일반적으로 하는 주식 투자 외에도 펀드, ETF, 장외주식, 선물, 옵션, 채권 등 여러 가지가 있다. 그중에는 복잡하고 리스크가 큰 것들도 있기 때문에 굳이 모든 분야에 투자할 필요는 없지만 기본적으로 부동산 투자와 주식 투자는 누구나 관심을 가져야 한다고 생각한다.

내가 투자를 시작한 분야는 부동산이었다. 마침 부동산 시장의 대세상승기였고 소액으로 투자가 가능한 시기였기 때문이다. 절약해서 모은 종잣돈을 긁어모아 부동산에 집중해서 자산을 불렸다. 그러다 부동산 시장이 과열되면서 각종 규제가 생겨났고 서서히 하락장이 찾아왔다. '고점에 물려 있는' 사람도 생겨났고, 시세차익으로 돈을 벌기도 힘들어졌다.

이 책을 쓰고 있는 2023년 상반기에는 물가는 계속 오르는데 설상가상으로 금리도 계속 오르는 상황이라 '영끌'해서 집을 산 사람들이 힘들어 하는 소리가 여기저기서 터져 나오고 있다. 부동산 시장은 차갑게 식었고 뉴스에서는 연일 '집값 하락, 미분양 속출'이라는 기사가 보도된다.

몇 가지 징조가 보이기 시작하고 투자하기가 녹록치 않은 환경이 되었을 무렵 나는 주식으로 눈을 돌렸다. 운 좋게도 이번에는 주식 시장의 흐름이 매우 좋았고, 덕분에 자산도 꽤 많이 불릴 수 있었지만 주식 시장도 언제까지나 좋을 수는 없다.

오랜 호황기가 지나고 주식 시장에도 긴 조정기가 찾아왔다. 고민은 자연스럽게 '이제는 무엇으로 돈을 벌어야 할까'로 옮겨갔다. 부동산 시장도 침체고, 국내증시는 긴 조정을 받고 있고, 해외증시도 갑작스러운 외부요인으로 좋지 않다. 그럼 이제 돈 벌 방법은 없는 것일까? 그러다가 생각이 배당주 투자에 도달한 것이다.

여러 가지 투자를 경험해보니 재미있는 현상을 발견했다. 부동산 투자를 하는 사람들은 대부분 주식 투자를 하지 않고, 주식 투자를 하는 사람들은 대부분 부동산 투자를 하지 않더라는 것이다. 물론 두 분야의 특성이 다르다 보니 투자자의 성향에 따라 극명하게 갈리는 게 이해는 된다. 하지만 어차피 본업이 아닌 재테크로 돈을 벌겠다고 결심했다면 보다 다양한 분야에 관심을 갖고 투자를 하면 좋겠다.

투자에 범위를 정해두지 말고 다양한 경험을 해보자. 어떤 투자든 시간을 들여 공부하면서 흐름을 타면 돈을 벌 수 있다는 사실은 동일하다. 제대로 해보지도 않고 '부동산은 나랑 안 맞아'라거나 '주식은 나랑 안 맞아'라면서 관심을 꺼두기보다는 꾸준히 관심을 가지고 공부하는 게 좋다. 여러 가지 투자를 공부하다 보면 새로운 지식이 합쳐지면서 새로운 안목이 생겨나기도 한다. 그러면 또 다른 수익원을 창출해낼 수도 있지 않을까?

실제 투자를 해본 후 알게 된 것들

이론과 실제는 다르다. 배당주 투자도 직접 해본 후에 알게 된 것들이 몇 가지 있다. 일반적인 주식 투자와 기본적으로는 비슷하지만 다른 점이 있었다. 지금부터 실제로 배당주 투자를 할 때 주의해야 할 점을 이야기해보려고 한다. 다만 배당주도 주식의 일종이므로 일반적인 주식 투자의 원칙을 무시해서는 안 된다. 해당 내용은 전작 『부자로 가는 다리, 부릿지』를 참고하면 좋을 것 같다.

배당수익률에는 함정이 있다

배당주에 투자할 때는 배당수익률을 중요하게 봐야 한다. 하지만 너무 집착하면 오히려 독이 된다. 간혹 착시로 인해 배당수익률이 높아 보이는 종목이 있기 때문이다. 이런 착시는 주로 주가가 장기적으로 우하향할 때 나타난다. 얼핏 보면 배당수익률이 점점 높아지는 좋은 종목처럼 보이지만 사실은 원금손실의 위험이 높은 주식일 수 있다는 걸 알아야 한다.

예를 들어 오키드아일랜드캐피털(ORC)이라는 회사를 살펴보자. 이 회사는 주택 모기지 담보증권에 투자하는 금융회사로, 매년 배당률을 15~20%로 유지하는 고배당 종목이라서 꽤 많은 분이 배당주 투자에 적합하다고 추천하기도 한다. 하지만 자

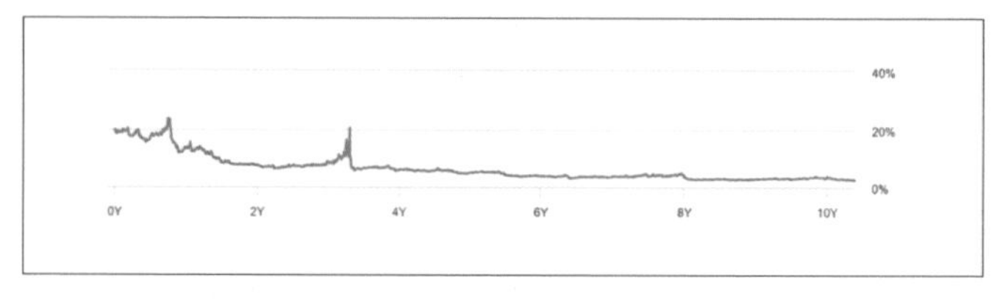

오키드아일랜드캐피털의 배당수익률 추이
(출처: seekingalpha.com)

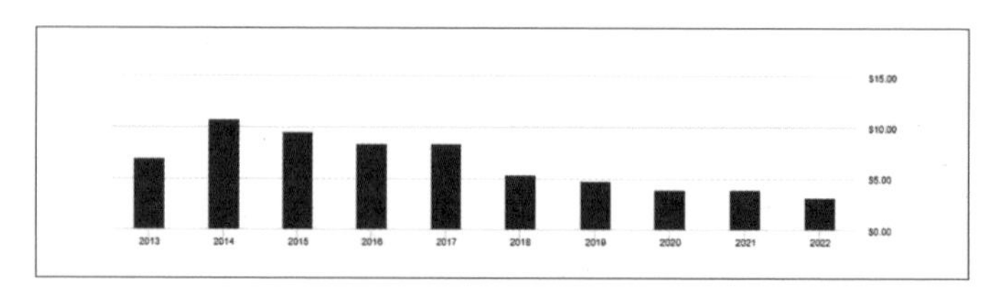

오키드아일랜드캐피털의 배당금 추이
(출처: seekingalpha.com)

세히 들여다보면 오래 보유할수록 오히려 손해를 볼 가능성이 있는 종목이다.

주가가 장기적으로 하락추세이기 때문이다. 2013년 2월의 주가는 72달러였지만 2023년 7월 기준 겨우 10.25달러로 무려 마이너스 85%인 상태다. 아무리 배당수익률이 높아도 원금 자체가 마이너스인데 배당금을 받기 위해 이런 종목에 투자하는 것이 과연 맞을까?

실제로 주당배당금 자체도 2013년부터 지속해서 하락했다. 매출액도 계속해서 줄고 있고 영업이익에서도 적자가 지속되고 있다. 매출액과 영업이익이 좋지 않으면 향후 주가 회복을 기대하기 어렵고, 결과적으로 배당금도 증액되기 어렵다는 말이다. 배당금을 받겠다고 오래 보유했다면 오히려 손해를 봤을 것이다.

이런 착시가 일어나는 이유는 배당수익률의 공식이 '(주당배당금 ÷ 주가) × 100'이기 때문이다. 예를 들어 주당배당금이 10달러에서 5달러로 떨어지면 배당금 금액 자체는 절반으로 줄어든 것이다. 그런데 주가는 더 많이 줄어서, 100달러에서 20달러가 되었다면 어떨까? 주가가 100달러였을 때의 배당수익률은 10%이고, 20달러일 때의 배당수익률은 25%다. 배당수익률만 보면 오히려 더 좋아진 듯한 착시가 일어나는 것이다.

배당수익률이 지나치게 높은 종목 중에는 이런 경우가 종종 있기 때문에 주의가 필요하다. 다른 분들의 포트폴리오를 보다 보면 '이 기업에 투자하면 안 되는데'라고 생각되는 종목들이 자주 눈에 띈다. 아마도 배당수익률의 착시효과를 간과한 채 투자를 한 게 아닌가 싶다.

다시 한번 말하지만, 단순히 '배당수익률이 높으니 잘 나가는 회사인가보다'라고 생각하면 곤란하다. 재무제표를 확인해서 이 회사가 정말로 영업을 잘하고 있는지, 해당 시장에서 어느 정도 지위에 있는지, 배당삭감 이력이 있는지(단, 서브프라임 사태 등 특별한 경우는 제외), 주가가 장기적으로 하락하고 있지는 않은지 등을 꼭 확인해야 한다. 특히 주가 차트는 누구나 쉽게 볼 수 있으니 하나만 보지 말고 여러 가지 상황을 고려해서 종목을 선정하기 바란다.

배당수익률로 적정 가격을 찾을 수 있다

배당수익률의 이런 특징을 이용해서 미리 추려둔 투자 후보

군 종목들이 매수하기 좋은 가격까지 왔는지를 판단하는 자료로 참고하기도 한다. 방법은 어렵지 않다. 종목별로 5년 또는 10년간의 평균 배당수익률을 계산한 후 이것을 현재 배당수익률과 비교해보면 된다.

만약 과거의 배당수익률 평균보다 현재 배당수익률이 높다면 이 종목은 저평가되어 있다고 판단할 수 있다. 배당수익률은 '(주당배당금 ÷ 주가) × 100'이기 때문에 주가가 떨어지면 배당수익률은 높아진다. 배당수익률이 높아졌다는 것은 상대적으로 주가가 싸졌다는 뜻이다. 특히 과거 5년 또는 10년 평균보다 싸졌다면 매수하기에 좋은 기회다. 과거 배당률 정보는 시킹알파에서 쉽게 확인할 수 있다.

예를 들어, 스타벅스(SBUX) 주식을 사고 싶었는데 지금 가격이 비싼지 아닌지 판단이 잘 서지 않아서 망설여진다고 하자. 장기적으로 좋은 종목이라는 판단이 섰다면 수익률을 극대화하기 위해 조금이라도 저렴한 가격에 매수해야 한다. 그 타이밍을 어떻게 잡아야 할까?

스타벅스의 지난 10년간 평균 배당수익률을 계산해보면 약 1.63%이다. 만약 매입하려는 날짜 기준으로 지난달의 배당수익률을 검색해보니 1.59%였다고 하자. 그렇다면 지난 달에는

주가가 과거 10년 평균에 비해 충분히 떨어지지 않은 시점이었

Year	Year End Yield	Average Yield	Max Yield	Min Yield
2023	-	1.97%	2.17%	1.78%
2022	2.02%	2.22%	2.75%	1.58%
2021	1.57%	1.58%	1.74%	1.40%
2020	1.57%	1.95%	2.73%	1.57%
2019	1.69%	1.76%	2.15%	1.45%
2018	2.05%	2.06%	2.45%	1.70%
2017	1.83%	1.67%	1.90%	1.45%
2016	1.53%	1.36%	1.56%	1.11%
2015	1.13%	1.17%	1.39%	1.01%
2014	1.34%	1.32%	1.44%	1.14%

스타벅스의 배당수익률 추이

(출처: seekingalpha.com)

스타벅스의 주가변동 추이

(출처: 삼성증권)

다고 할 수 있다.

그런데 당일 배당수익률을 확인해 보니 1.70%으로 높아졌다면 어떨까? 드디어 저평가 구간에 진입했다고 판단할 수 있다. 참고로, 나는 이런 방식으로 배당수익률이 2.16%일 때 스타벅스를 매입했고 이후 주가는 오름세를 보이며 회복중이다.

주의할 점은 이것은 투자 타이밍을 잡기 위한 방법이지, 종목을 선정하는 방법은 아니라는 것이다. 앞에서 설명한 여러 단계를 거친 후 이 종목에 투자해야겠다고 결정했을 때에만 유용한 방법이라는 걸 명심해야 한다. 이미 골라놓은 종목의 주가가 일시적으로 출렁이는 것을 이용해서 조금이라도 저렴하게 매수하기 위한 전략이다.

인덱스펀드에 투자하는 것도 방법이다

종목을 분석하는 여러 가지 방법을 소개하고 있지만 이렇게 할 자신이 없다는 분도 계실 것이다. 아직 공부를 시작한 지 얼마 되지 않았다면 그럴 수 있다. 그렇다면 인덱스펀드(index fund, 지수추종펀드)에 투자를 하는 것도 방법이다.

인덱스펀드란 말 그대로 특정한 주가지수와 연동되는 펀드를 의미한다. 대표적인 종목으로는 S&P500 지수를 추종하는 SPY, 나스닥100 지수를 추종하는 QQQ가 있다. 국내에서는 코스피200 지수를 추종하는 KODEX200이 대표적이다.

개별종목의 주가는 해당 기업의 사정에 따라 시장 평균보다 높거나 낮을 수 있지만 인덱스펀드는 각 기업의 사정과 상관없이 전체적인 주가지수를 따른다. 예를 들어 S&P500 지수는 미국 주식 시장을 대표하는 500개 종목을 이용해서 산출해낸 주가지수다. 여기에 속하는 종목을 조금씩 골고루 포함하고 있는 펀드가 SPY라는 인덱스펀드인데, SPY를 하나만 매수해도 500개 기업에 분산투자하는 것과 같기 때문에 훨씬 안정적이다. 개별종목을 하나하나 분석할 필요가 없어서 초보자가 접근하기에 훨씬 편하다.

인덱스펀드는 개별종목과 마찬가지로 주식 시장에서 자유롭게 사고팔 수 있다. 그중에는 배당금이 꽤 나오는 종목도 있기 때문에, 만약 공부가 너무 어렵고 무난한 수익만으로 만족할 수 있다면 이런 상품에 투자하는 것도 방법이라고 생각한다.

장기투자를 한다면 꽤 괜찮은 이익을 얻을 수도 있다. 실제로 1993년에 SPY를 1만 달러 매수했을 때의 백테스팅을 해보면

(배당금을 재투자한다고 가정), 2023년까지 보유했을 경우 평가액은 14만 달러가 된다. 연평균 9.59% 수익률을 올린 것이다.

인덱스펀드 투자의 가장 큰 장점은 그 자체가 곧 시장 평균이기 때문에 평균 아래로 떨어질 일이 없다는 점이다. 하지만 나는 백테스팅의 기준점으로만 SPY를 이용하고 투자는 하지 않고 있다.

힘들게 공부해서 분석하고 투자하는 이유가 더 많은 수익을 얻기 위해서인만큼, 시장평균인 SPY보다는 높은 수익률을 얻고 싶기 때문이다. 하지만 사람마다 투자 성향이 다르므로 자신에게 맞는 방법을 찾아가는 것이 좋다.

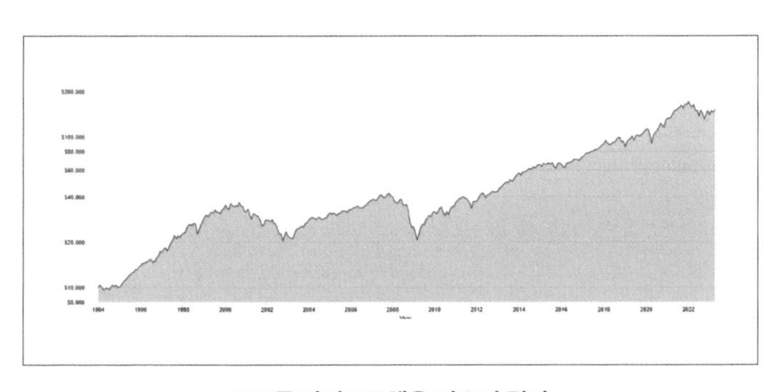

SPY를 장기보유했을 경우의 결과

(출처: portfoliovisualizer.com)

세금 공부는 필수다

소득이 있으면 언제나 세금이 따라다니기 마련이다. 주식 투자를 할 때도 증권거래세와 양도소득세를 내야 한다. 그런데 배당주는 신경써야 할 세금이 하나 더 있다. 바로 배당소득세다.

우리나라 배당소득세 세율은 개인투자자의 경우 배당금의 14%(지방세 포함 시 15.4%)이다. 이때 배당소득의 합계가 연간 2,000만 원 이하일 경우에는 분리과세★, 초과할 경우에는 종합과세★ 대상이 된다.

해외주식의 경우 배당소득세는 해당 국가의 세율을 따르되 한국의 세율(14%)보다 높으면 추가로 세금을 내지 않아도 되고

분리과세와 종합과세

소득세는 모든 소득을 합산해서 계산하는 종합과세가 원칙이지만, 경우에 따라 별도로 계산하는 분리과세도 존재한다. 소득세는 소득금액이 커질수록 세율도 높아지는 누진세율 구조이기 때문에 분리과세를 하면 세액이 줄어들 수 있다.

그보다 낮으면 차액을 원화로 납부해야 한다. 미국 주식의 배당소득세율은 배당금의 15%인데 배당금이 통장에 들어올 때 이미 원천징수가 된다. 그래서 한국에 추가로 내야 할 세금은 없다.

예를 들어 한국 사람이 미국 주식에 투자해서 1년에 1,000만 원의 배당금을 받는다면 그중 15%인 150만 원은 이미 원천징수가 되므로 850만 원의 배당금이 통장에 들어올 것이다. 여기에서 추가로 내야 할 세금은 없다.

반면에 한국 주식에서도 똑같이 1년에 1,000만 원의 배당금을 받았다고 하자. 이 경우 우리나라 배당소득세율은 14%이지만 여기에 지방세가 추가되기 때문에 실제 세율은 15.4%라고 할 수 있다. 즉, 154만 원을 세금으로 납부해야 하는 것이다. 결과적으로 미국 배당주에 투자하면 한국 배당주에 투자할 때보다 0.4%의 절세 효과가 있는 셈인데, 투자금의 규모가 커질수록 무시 못 할 금액이 된다.

그렇다면 우리나라보다 배당소득세율이 낮은 중국 배당주는 어떨까? 중국의 배당소득세율은 10%이기 때문에 일단 통장에 배당금이 들어올 때 이 금액이 원천징수된다. 예를 들어 1년에 1,000만 원의 배당금을 받는다면 900만 원만 통장에 입금되는 것이다. 그 후 우리나라 배당소득세 기준인 14%에 맞춰 차액인 4%의 금액을 납부해야 하는데, 이때 지방세가 추가되어 4.4%인 44만 원을 추가로 납부해야 한다.

배당금으로 생활비를 충당한다는 목적을 달성한 상태라면 배당금의 액수가 꽤 커졌을 것이다. 그래서 절세 방법을 공부해 두는 것은 필수다. 합법적으로 절세하는 방법은 분명히 있으므로 세금 공부를 게을리하지 말자.

시야를 넓히면 기회는 더 많아진다

장기적으로 투자하려면 안정성이 중요하기 때문에 나는 국내 배당주보다는 미국 배당주에 주로 투자하고 있다. 최근 들어 우리나라 기업들도 주주친화적인 모습을 상당히 보여주고 있지만 미국에 비하면 여전히 미흡한 게 사실이다.

국내 배당주의 가장 큰 리스크는 배당삭감(배당컷)이 자주 발생한다는 점이다. 실적이 조금 안 좋다고 해서 바로 배당금을 줄여버리면 투자하는 사람 입장에서는 안정성이 떨어지는 셈이다. 만약 배당금으로 생활비를 충당하는 사람이라면 엄청나게 큰 리스크가 될 것이다.

미국 주식보다 국내 주식이 더 익숙하고 잘 맞는다면 그에 맞는 전략을 세우면 된다. 하지만 시야를 넓히면 그만큼 기회가 많아진다. 미국뿐만 아니라 유럽, 중국 등으로 투자처를 확대하면 그만큼 다양하고 배당성장성이 더 좋은 기업들을 발견할 수 있다.

내가 요즘 관심있는 유럽 주식은 루이비통, 지방시, 디올 등의 명품 브랜드를 보유한 루이비통모에헤네시그룹(LVMH)과 명품 중의 명품이라 불리는 에르메스(RMS) 등이다. 둘 다 프랑스 증시에 상장되어 있는데 실적도 성장가능성도 나쁘지 않은 종목이다. 루이비통이나 에르메스에서 가방은 못 살지언정 주식은 살 수 있지 않을까? 그런 마음으로 분석해보는 것도 재미있다.

그리고 귀주모태주(600519)라는 중국 주식도 관심있게 지켜보는 종목이다. 모태주라고 하면 생소하게 느낄 수도 있지만 '마오타이'라는 술은 한 번쯤 들어보았을 것이다. 중국 최고의 술로 꼽히는 마오타이를 만드는 회사가 이곳인데, 후강퉁(상하이-홍콩 간 주식거래 시장)을 이용하면 거래할 수 있다.

많은 분야를 알수록 돈 벌 기회는 그만큼 더 많아진다. 두루

두루 관심을 가지고 돈 벌 기회가 어디에 있을까 하는 생각으로 주위를 둘러보면 분명 눈에 띄는 무언가가 있을 것이다.

양도소득세와 배당소득세 문제

부동산 투자자들은 세금 공부를 많이 하는데 주식 투자자들은 세금 공부를 별로 중요하게 생각하지 않는 경향이 있다. 소득이 생기면 세금이 나가는 건 어느 분야든 마찬가지이기 때문에 자산을 효율적으로 늘리고 싶다면 세금 공부는 반드시 필요하다.

주식의 양도소득세

주식에 붙는 세금은 크게 증권거래세, 양도소득세, 그리고 배당소득세다. 증권거래세는 주식을 매도할 때마다 수수료처럼 자동으로 빠져나가고 금액도 크지 않기 때문에 크게 신경 쓸 필요가 없지만 양도소득세와 배당소득세는 신경을 써야 한다.

양도소득세는 부동산뿐만 아니라 주식을 매도해서 수익을 얻었을 때도 내야 한다. 다만 국내 주식의 경우 주식 보유금액이 100억 원 이상인 고액주주에게만 부과되기 때문에 흔한 경우는 아니다.

한편, 미국주식의 경우 보유금액과 관계없이 양도소득세는 22%로 세율이 꽤 높기 때문에 기억해둘 필요가 있다. 단, 우리나라에서는 한 사람당 1년에 250만 원까지 양도소득세를 면제해준다. 1년간 주식을 사고팔아서 얻은 양도소득에서 250만 원을 빼고 22%를 곱한 금액이 대략 그해의 양도소득세라고 생각하면 된다. 물론 매도하지 않는다면 양도소득세를 내지 않아도 된다. 끊임없이 사고팔기보다 오랫동안 보유할 배당주 투자라면 양도소득세에 대한 고민도 적을 것이다.

주식의 배당소득세

배당소득세는 주주배당금에 붙는 세금이기 때문에 배당주 투자자들이 받는 배당금뿐만 아니라 비상장법인 주주들이 이 사회 결의를 통해서 나눠 갖는 배당금과 이자에도 동일하게 적용된다. 하지만 여기에서는 배당주 투자자의 배당소득세에 대해서만 특정하여 이야기하겠다.

배당소득세의 기본 구조

앞에서 간단히 설명했듯이 국내 주식의 배당소득세는 14%이고 여기에 지방세가 붙어 실제로는 15.4%이다. 배당소득과 그 이자를 합쳐 1년에 2,000만 원 이하일 경우에는 분리과세를 적용하여 해당 금액에 대해서만 15.4%가 부과되지만, 2,000만 원을 넘기면 종합과세를 적용하여 다른 소득과 합친 후 과세표준 금액에 따라 각기 다른 종합소득세율(6~37%)을 적용한다. 소득세율은 소득금액이 많을수록 더 높게 적용되는 누진세 구조이기 때문에, 아무래도 소득금액이 많을수록 세금에서는 불리할 수밖에 없다.

하지만 미리 겁먹을 필요는 없다. 배당금만으로 1년에 2,000만 원을 받는다는 건 월평균 약 160만 원의 배당금을 받는다는 뜻이므로 투자금이 꽤 많아야 하고 그렇게 되기까지는 시간도 꽤 오래 걸린다. 그러니 일단 배당금을 많이 받게 된 후에 걱정해도 늦지 않다.

게다가 소득세는 인당 2,000만 원 기준이기 때문에 배우자, 자녀와 자산을 분산해서 투자하면 전체 배당소득 금액도 줄어들 수 있다. 예를 들어 본인과 배우자가 각각 2,000만 원씩 배당금을 받는다면 연 4,000만 원까지는 종합과세가 되지 않는다.

참고로 배당소득세는 원천징수가 되기 때문에 통장에 배당금이 입금될 때부터 이미 증권사가 15.4%의 세금을 공제했을 것이다. 그래서 투자자는 크게 신경 쓸 필요가 없고 나중에 2,000만 원을 넘는 부분에 대해서만 종합소득세를 계산해서 신고·납부하면 된다. 매번 복잡하게 계산해서 세금 신고를 신고해야 하는 부동산 투자와 비교해보면 큰 장점 중 하나다.

국가별·종목별로 세율이 다르다

앞에서 설명했듯 국내 투자자가 해외 기업으로부터 배당금을 받을 경우 그 나라의 배당소득세율이 우리나라 세율(14%)보다 높으면 세금을 추가로 내지 않아도 되고, 낮으면 그 차이만큼 배당소득세를 납부해야 한다. 미국의 배당소득세율은 15%로 우리나라보다 높기 때문에 추가로 납부할 필요 없이 증권사에서 미리 원천징수를 한 후 통장에 입금해주니 편하다.

그밖에 다른 나라 주식은 주의가 필요하다. 예를 들어 배당소득세가 0%인 베트남, 홍콩, 영국 등에 투자하는 경우에는 나중에 15.4%의 배당소득세를 추가로 납부해야 하고, 중국에 투자하는 경우 4.4%를 추가로 납부해야 한다. 대략 15% 정도가 세금이라고 생각하는 게 마음이 편하다.

유럽 기업에 투자하는 경우에는 좀 억울할 수 있는데, 배당소득세율이 25% 이상으로 높은 국가가 많기 때문이다. 이런 곳에 투자하면 배당소득세가 많이 나가지만 그렇다고 차액을 국내에서 환급해주지는 않는다.

프랑스의 경우 배당소득세가 25%나 된다. 내가 루이비통모에헤네시(LVMH)와 에르메스(RMS)에 관심이 많은데도 아직까지 투자를 하지 않은 이유가 바로 높은 배당소득세율 때문이다. 현재는 미국 시장에 매력적인 종목들이 많기 때문에 굳이 주가도 비싸고 배당소득세율까지 높은 프랑스 주식을 우선순위로 둘 필요가 없기 때문이다. 다만 종목 자체는 여전히 매력적이기 때문에 앞으로 계속 관심을 가지고 지켜볼 생각이다.

종목에 따라서도 배당소득세가 달라질 수 있다. 예를 들어 합자회사(Limited Partnership)라는 것이 있는데, 종목 이름에 'LP'라는 글자가 붙어있다면 여기에 해당한다고 보면 된다. 합자회사란 경영은 무한책임사원이 하고 자본은 유한책임사원이 대는 복합적 구조의 회사를 말하는데, 복잡한 내용까지 알 필요는 없다. 다만 이런 회사는 배당소득세율이 높다는 것만 기억하자. 국가에 따라 37%나 되는 곳도 있기 때문에 꼭 확인해야 한다.

세금을 무서워하지 말자

나는 블로그에 종종 '배당주로 월 500 만들기' 프로젝트의 진행 과정을 올리고 있다. 작년에 월평균 배당금 50만 원을 달성했을 때도 그 내용을 블로그에 썼더니 유난히 세금에 대한 댓글이 많이 달렸다. 그중에는 "합산과세 되는 건 알고 있느냐, 세금을 15.4%나 내고 나면 남는 게 없을 거다"라는 내용이 많았다.

그분들이 오해하시는 게 있는데, 나는 자산이나 수익의 기준을 무조건 세후 금액으로 잡는다. 다시 말해서 월 50만 원은 이미 세금을 뺀 후의 금액이다.

게다가 15.4%를 세금으로 떼더라도 배당금이 전부 사라지는 건 아니지 않은가? 한 번 공들여 세팅해놓으면 꼬박꼬박 내 통장에 84.6%의 금액이 꽂힐 텐데 결코 적은 금액이 아니다.

소득이 있는 곳에 세금이 있다는 말처럼 사회 시스템을 이용해 돈을 벌었다면 세금을 내는 건 당연한 일이다. 월급을 받든 사업을 하든 세금을 내야 한다. 심지어 몇천 원, 몇백 원짜리 물건을 하나 살 때도 매번 10%씩 부가세를 내고 있다.

세금을 내는 게 문제가 아니라 세금보다 많은 돈을 벌 수 있느냐가 문제다. 세금을 내더라도 남는 게 더 많다면 투자할 가치는 충분하다. 세금이 겁나서 투자를 안 하는 것만큼 어리석은 일이 있을까? 차라리 세금을 많이 내더라도 그보다 더 많이 벌겠다고 목표를 잡는 것이 훨씬 현명한 일이다. 일단 돈을 버는 데에 집중하고 세금은 그 후에 걱정해도 늦지 않다.

자녀에게 증여를 고민하고 있다면

자녀가 있는 분들의 가장 큰 고민은 험난한 세상에서 아이의 미래를 어떻게 준비해주느냐일 것이다. 나 역시 일곱 살짜리 아들의 미래가 걱정이라 증여 문제를 많이 고민했다.

자녀를 포함해서 다른 사람에게 재산을 증여하려면 증여세를 내야 하는데, 증여세는 우리나라 세금 중에서도 세율이 높은 편이다. 금액에 따라 10%에서 최고 50%까지 적용되고 그 금액을 모두 현금으로 납부해야 하기 때문에 부담이 상당하다.

현금으로 증여할 때의 비과세 금액

증여세를 줄이는 가장 좋은 방법은 비과세와 공제가 가능한 항목을 최대한 활용하는 것이라 생각한다. 현금을 증여하는 경우 성인 자녀에게는 10년 동안 총 5,000만 원까지, 미성년자 자녀에게는 10년 동안 총 2,000만 원까지 증여세를 내지 않아도 된다.

그래서 최대한 증여를 많이 하기 위해서는 아이가 태어났을 때 2,000만 원을 증여하고, 11살 때 또 한 번 2,000만 원을 증여하면 20년간 4,000만 원에 대한 증여세를 합법적으로 내지 않아도 된다. 20세 이후에는 성인이므로 21세에 5,000만 원, 31세에 또 5,000만 원을 증여할 수 있다. 이렇게 하면 만 서른 살까지 자녀에게 1억4,000만 원의 자산을 마련해줄 수 있으므로 아이가 살아가는 데에 어느 정도 기반이 되지 않을까?

나 역시 이런 방식으로 아들에게 증여를 해주고 싶지만 안타깝게도 몇 년의 시간을 놓쳐버렸다. 아이가 태어나자마자 바로 2,000만 원을 증여했다면 가장 좋았겠지만 그때는 그럴 돈이 없었다. 그래서 일단 일곱 살인 현재 2,000만 원을 증여했고 다음 비과세 적용이 가능한 나이는 17세다. 그리고 성인이 되었을 때는 조금 기다렸다가 27세에 5,000만 원을 증여하여 10년 단위로 증여해야 한다.

만약 17세에 2,000만 원을 증여하고 5년 후인 23세에 5,000

만 원을 증여하면, 10년 이내에 증여한 금액이 총 7,000만 원이 되기 때문에 5,000만 원까지만 비과세가 되고 나머지 2,000만 원에 대해서는 증여세 10%가 부과된다. 그래서 증여 시점을 잘 고려해야 하는 것이다.

참고로 증여를 할 때는 직계가족 합산이 원칙이다. 즉, 미성년자녀에게 부모가 1,000만 원을 증여하고 조부모가 1,000만 원을 증여하면 비과세 2,000만 원을 모두 채운 셈이 되는 것이다. 또한 현금 증여는 철회가 불가능하기 때문에 한번 증여한 것을 취소하고 반환하면 부모가 자녀에게 증여한 것으로 한 번, 자녀가 부모에게 증여한 것으로 또 한 번, 이렇게 두 번의 증여세를 부과받을 수도 있다고 하니 주의하는 게 좋다.

그냥 주지 말고 투자로 불려주자

아이에게 자산을 증여하는 시점은 조금 늦었지만 지금이라도 투자를 통해 더 크게 불려 줄 생각이다. 아이가 성인이 될 때까지 시간이 꽤 남았으니 그 사이에 자산을 불려주고 싶다.

얼마 전 팬데믹으로 전 세계 증시가 폭락했을 때, 절호의 기회라는 생각이 들었다. 좋은 종목들마저 주가가 떨어졌으니 이럴 때 아이에게 현금을 증여해서 주식을 사주자고 마음먹었다.

처음에는 60만 원으로 시작했다. 여기에 어른들이 주신 용돈이나 세뱃돈으로 돈이 생길 때마다 증여했고 그 돈으로 미국 주식을 사주었다. 아이가 여섯 살이 된 작년에는 10년치 비과세 한도인 2,000만 원을 채웠고 세금 신고를 마쳤다. 이 돈은 모두 아들 명의로 미국 주식에 투자되어 있다.

아이가 아직 어리기 때문에 당장 배당금을 많이 받을 필요가 없다. 그래서 고배당주보다는 장기적으로 시세차익이 늘어날 것으로 예상되는 배당성장주 위주로 매수를 했다. 13년 후 아들이 성인이 되었을 때 자산이 최대한 많이 불어나 있기를 바라는 마음으로 적은 금액이라도 배당금이 들어오면 모아두었다가 주식을 사주면서 재투자를 하고 있다.

현재 나의 배당주 포트폴리오에는 약 50여 개 종목이 들어 있다. 포트폴리오를 만들기 위해 추려낸 후보종목이 처음에는 2,000개가 넘었다. 이것들을 모두 분석해서 추리고 추려는 과정을 거듭해서 100개로 만들고 다시 60개로, 또다시 50개로 추려낸 것이 지금의 포트폴리오다.

그런데 아들의 포트폴리오에는 여섯 개 종목이 들어있다. 투자금이 크지 않아 종목을 많이 분산하지 않은 이유도 있고, 내가 가진 종목 중에서도 다시 고르고 골라 좋은 것만 사주었기 때문이다. 아들의 자산이라고 생각하니 내 포트폴리오를 짤 때보다 두세 배는 공을 들였다. 지금도 좋은 기업을 발견하면 기존 기업들과 비교하면서 포트폴리오 업데이트를 반복한다.

자녀의 주식을 거래할 때의 주의점

증여할 때 주식을 직접 증여하기보다는 현금을 증여하고 그 현금으로 직접 주식을 사게 하는 편이 깔끔하고 간단하다. 주식의 가격은 늘 변하기 때문에 기준가격을 계산하기가 복잡하기 때문이다.

주식은 증여 시점에서 2개월 전과 2개월 후의 평균가액을 기준으로 증여세를 매기는데, 그러다 보면 평균가액이 본의 아니게 2,000만 원을 넘어갈 수도 있다. 그래서 현금으로 딱 2,000만 원을 신고하는 게 깔끔하다. 물론 비과세이기 때문에 반드시 신고할 의무가 있는 건 아니지만 아무래도 신고를 해두는 편이 여러모로 안전하다.

들어오는 배당금으로 계속 재투자 해주는 건 좋다. 하지만 자녀 명의 계좌의 주식을 수시로 사고파는 건 곤란하다. 부모가 미성년자 자녀의 대리인으로서 자산을 관리해주는 게 불법은 아니지만, 잦은 매매를 하면 세무당국은 그것이 자녀의 돈이라기보다 부모의 차명계좌라고 간주할 수 있기 때문이다. 이럴 경우에는 처음 증여했던 2,000만 원이 아니라 규모가 커진 금액을 기준으로 증여세가 부과될 수도 있다.

가장 중요한 것은 멘탈 유지하기

투자는 여러 가지 지표를 동시에 봐야 하기 때문에 매우 복잡하다. 하지만 아무리 복잡하고 어려워도 주식 시장을 정확히 예측할 수만 있다면 뭐가 걱정일까. 문제는 아무리 열심히 공부해도 주식 시장을 백프로 예측할 수는 없다는 점이다. 우리가 할 수 있는 일은 그저 이것저것 많이 분석함으로써 변수를 최대한 줄이는 것뿐이다.

누구도 주가를 완벽하게 예측할 수 없다는 사실을 인정하자. 그렇지 않으면 마음이 너무 힘들어진다. 가격이 떨어져서 샀는데 오히려 더 떨어졌다면 낙담하지 말고 '더 살 수 있겠네'라고 긍정적으로 생각하자. 반대로 가격이 올라서 팔았는데 더 올라버렸다면 억울해하지 말고 수익을 얻은 사실 자체에 감사하게 여기면 된다.

'얻을 수도 있었던' 수익은 아깝지만 다른 좋은 종목에 투자해서 비슷하거나 더 큰 수익을 얻을 수도 있으니 말이다. 이렇게 계속 마인드 컨트롤을 해야 투자를 오래 해나갈 수 있다.

팬데믹 이후 국내 주식으로 중단기 투자를 하다가, 2021년부터 배당주 투자에 집중하면서 스스로 좀 달라졌다는 느낌을 받는다. 가장 큰 변화는 주가의 오르내림을 바라보는 시각이다. 예전에는 날마다 종목의 변동을 체크하느라 바빴다면 요즘은 그렇지 않다. 주가 차트보다는 경제기사나 리포트로 시장동향을 살피고, 배당금은 잘 들어오고 있는지, 보유한 종목에 중대한 문제가 발생하지는 않았는지 정도만 가끔 체크하고 있다.

그리고 실은 주가가 오르지 않았으면 하는 마음도 있다. 아직 사고 싶은 종목이 많은데 충분한 투자금이 모일 때까지 기다려 줬으면 하는 바람이다. 주가창이 빨간색으로 물들고 있으면 '아, 아직 다 못 샀는데…. 이렇게 빨리 오르면 안 되는데…'라는 생각이 들 정도다.

멘탈이 흔들리는 가장 큰 이유

내가 늘 강조하는 말이지만 투자에서 가장 중요한 건 멘탈 관리다. 작은 일에 흔들리지 않도록 마인드 컨트롤에 힘쓰고 꾸준히 공부해서 나만의 기준을 확실하게 다지고 중간중간 힘든 시기를 겪더라도 포기하지 않는 마음이 가장 중요하다.

공부는 멘탈을 붙잡는 데에 가장 큰 역할을 한다. 제대로 공부를 안 하고 아무 생각 없이 남이 좋다는 종목을 따라 사면 어떤 일이 발생할까? 해당 종목이 어느 시점에 얼마까지 오를 거라는 확신이 없어서, 주가가 조금만 떨어져도 '손절해야 하나'라는 고민에 빠져 불안하게 된다. 그럴 때 지푸라기라도 잡는 심정으로 인터넷 카페에 "손절하는 게 좋을까요?"라고 질문을 올리면 어떤 사람은 "지금이라도 파세요"라고 할 것이고, 다른 사람은 "기다리면 반등합니다"라며 전혀 다른 답변을 할 것이다. 그러면 혼란은 더욱 심해진다.

판단이 어렵고 불안한 이유는 스스로 공부를 안 했기 때문이다. 그렇게 불안감을 견디지 못하고 결국 손절했는데 얼마 후 반등하면 또 어떻게 될까? 가만히 있었으면 벌었을 텐데 괜히 팔았다는 생각에 더 괴롭다. 경험해본 분은 알겠지만 이런 과정을 경험하는 자체로 지옥이다.

공부가 잘 되어 있으면 흔들림이 적다. 스스로 판단하기에 좋은 종목이라는 확신이 있으니 일시적으로 조정을 받더라도 생각했던 범위만 벗어나지 않는다면 견딜 만하다. 오히려 더 살 수 있는 기회가 되기도 한다. '부디 당분간은 주가가 천천히 움직였으면…' 하는 생각을 어느 정도 이해하실 거라고 생각한다. 그만큼 열심히 공부해서 산 주식이고, 그만큼 확신이 있다는 뜻이다.

무엇을 보면서 어떻게 공부해야 하는지에 대해서는 강의나 책에서 최대한 자세히 알려드리려고 노력한다. 그런데 다 듣고 나면 마지막에 꼭 이런 질문이 나온다.

"투자하는 요령이 따로 있나요?"

"주가가 떨어질 때 멘탈을 붙잡는 방법이 있나요?"

그런 요령이 따로 있는 건 아니다. 확신이 들 때까지 공부하고 분석하는 게 최고의 방법이다.

남들이 뭐라 해도 조급할 필요 없다

예전에 친동생이 이른바 '단타'로 돈을 번 적이 있다. 짧은 기간에 꽤 많은 돈을 벌었다는 말에 호기심이 생겨서 나도 단타를 시도해봤다. 그런데 단타 투자 종목은 짧은 시간에 변동 폭이 매우 크다. 빠르게 매수하고 매도하면서 치고 빠지는 게 단타니까 당연하다.

잘 모르는 분야니까 공부해보자는 생각으로 딱 100만 원만 매수를 해봤다. 순식간에 급등하는가 싶더니 금세 급락하고, 다시 급등하기를 반복했다. 수익을 내려면 변동 폭을 예의주시하면서 정확한 시점에 매도하고 나와야 하므로 계속 차트를 지켜보는 수밖에 없다.

어느 날 7%의 수익을 실현하고 매도했는데 7만 원을 손에 쥐고 나니 많은 생각이 들었다. 하루 종일 온 신경을 집중해서 투자했는데 고작 7만 원이라니…. 내가 투자해놓은 다른 종목의 수익률은 20%를 넘었는데…. 당시에는 시장이 좋다 보니 단타가 아닌 내 방식대로 투자한 종목에서도 20%를 넘는 경우가 꽤 있었다.

그런 생각을 하는 순간 이른바 '현타'가 왔다. 아이도 키워야 하고 살림도 해야 하는데 하루 종일 주식창만 들여다보고 있는 것이 가능할까?

무엇보다 마음이 너무 불안정해서 스트레스가 심했다. 매수 하는 순간부터 매도 하기까지 얼마나 조마조마했는지가 떠오르면서 정말 못 하겠다 싶었다. 그렇게 나에게 단타는 안 맞는 방식이라는 걸 초반에 깨닫게 되었다.

이후에도 여전히 호기심은 남아있어서 여러 가지 공부를 해보았다. 하지만 결국 포기한 이유는 그렇게 공부했던 어떤 지표도 제대로 들어맞지 않는다는 점 때문이었다. 단타로 성공하는 방법은 딱 하나. 급등 종목을 따라다니면서 아주 짧은 순간에 적은 수익률로 익절하는 방법밖에 없었다. 그러기 위해서는 오전 9시부터, 아니 그 전부터 장이 마감할 때까지 하루 종일 주식창을 바라보고 있어야 한다.

단타 투자에 재능 있는 사람들에게는 그 방법이 적합할 수 있다. 그러나 남들이 그 방법으로 돈을 벌었다고 해서 나한테도 맞는다는 보장은 없다.

반대로 모두가 "이제 그 방법으로는 안 돼"라거나 "이제 주식 투자는 끝났어"라고 말할 때도 흔들릴 필요가 없다. 그럴 때가 오히려 기회인 경우를 많이 봤기 때문이다. 나에게 맞는 투자 방법은 스스로 찾아내야 한다.

다시 찾아올 기회, 이번엔 놓치지 말자

"시장이 탐욕적일 때 공포에 떨고, 시장이 공포에 떨 때 탐욕을 가져라."

워런 버핏이 한 말이다. 팬데믹으로 인해 주가가 떨어지고 시장이 공포에 사로잡혔을 때 나는 실제로 투자를 하기도 했지만 주변 사람들에게도 지금이 매수할 때니까 어서 투자하라고 이야기했다. 그러면 "더블딥★이 두렵지 않느냐"며 나를 이상하게 보는 사람들이 꽤 많았다.

하지만 그때가 매수 적기라는 확신은 단순한 직감이 아니라 꾸준히 공부하고 분석한 결과였다. 과거 서브프라임모기지 사태가 일어났을 때 투자했던 주식들의 주가가 어떻게 되었는지를 경험했고 그때 어떤 종목이 건실하게 살아남아 회복했는지도 이미 분석을 마쳐놓은 상태였다. 그래서 이번에는 곧바로 알

더블딥

Double Dip. 경기가 침체된 후 잠시 회복했다가 다시 침체되는 현상. 그래프가 알파벳 W를 닮아서 'W자형 침체'라고도 한다.

수 있었던 것이다.

한 번 기회를 놓쳤더라도 너무 아쉬워할 필요는 없다. 시간이 조금 더 걸리더라도 기회는 반드시 또 오기 때문이다. 그 기회가 왔을 때 제대로 알아차리고, 그때는 놓치지 않으면 된다. 늦었다고 아쉬워하거나 남의 성과를 배 아파 할 필요도 없다. 이제부터 준비하면 다음 기회는 당신의 것이다.

배당주 투자는 장기투자라는 점을 기억하고, 오래 가져갈 종목을 고르기 위해 노력하자. 지금까지 설명한 내용을 응용해서 나에게 적합한 종목을 찾아보면 된다. 시간이 좀 걸리더라도 반드시 스스로 해보길 바란다.

주식 투자의 대가인 찰리 멍거의 명언으로 책을 마무리 해보려고 한다.

"장기적으로 뛰어난 투자 성적을 얻으려면 단기적으로 나쁜 투자 성적을 견뎌야 한다."

지금 처한 상황이 별로 좋지 않더라도 그 시기를 잘 버티면 결국 좋은 날이 온다. 물론 가능성 없는 주식에 투자한다면 손실과 기회비용이 커지겠지만, 그런 불상사를 피하기 위해 꾸준히 공부를 하자.

그리고 기회가 왔을 때 꽉 붙잡을 수 있는 종잣돈을 모으자.

배당주를 차곡차곡 모으면서 결국엔 원하는 수익률, 원하는 배당금으로 풍요로운 인생을 누릴 수 있도록 말이다.

₩5,000,000 per month!

맺음말

무럭무럭 자라고 있는 우리 '배당이'

'배당금으로 월 500만 원 만들기' 프로젝트를 진행하는 과정을 블로그에 기록하고 있다. 책을 쓰면서 과거 기록을 찾아보니 몇만 원부터 시작해서 점점 늘어나는 배당금 기록이 남아있다. 그때의 추억을 되새겨보자니 어딘가 애틋한 마음이 든다.

월 50만 원을 달성한 달에는 마치 어린 자녀가 어느새 자라서 아르바이트로 생활비를 보태는 듯한 기분이 들었다. 1년 배당금 합계가 1,000만 원을 돌파하던 날에는 내가 사회초년생으로 첫 월급을 받으면서 '앞으로 1년 동안 1,000만 원을 모으자'고 결심했던 때가 떠올랐다.

1년에 1,000만 원을 모으려면 매월 약 83만 원을 저축해야 하는데, 그때는 적은 월급에서 학자금대출 원리금, 보험료, 각종 생활비를 빼고 나면 빠듯한 살림이었기 때문에 꽤나 고생을 했다. 그렇게 힘들게 모았던 1,000만 원을 지금은 가만히 앉아서 배당금으로 벌게 되었다고 생각하니 기분이 이상했다. 그때 그 기분은 더 열심히 배당주를 공부하는 원동력이 되었다. 절약과 검소한 생활을 추구하고 있지만 쓸데없는 지출을 더더욱 막아서 절약해야겠다는 결심, 그 돈으로 배당주를 사 모아야겠다는 결심을 다시 한번 했다.

배당금이 연 1,352만 원이 된 시점부터 나는 배당주에게 이름을 붙여주었다. 작명 센스가 없다 보니 참신한 이름은 못 지었고 직관적으로 '배당이'라고 부르고 있다.

"우리 배당이 얼른 정규직 만들어줘야 하는데."

2023년 7월 기준 배당이의 연봉은 조금 더 늘어서 약 2,252만 원이 되었다. 드디어 정규직 신입사원이 된 것이다. 내가 처음 취업했던 2009년 무렵에는 4년제 대졸 평균연봉이 그 정도였다. 지금은 세월이 많이 흘렀으니, 인턴 사원의 연봉 정도는 되지 않을까. 이름도 붙여주고 직급도 달아주었으니 앞으로 대리, 과장, 부장까지 승진시켜주겠다는 생각에 배당주 모으는 재미가 더 커졌다.

이 이야기를 들은 '부릿지' 회원인 초맹 님은 배당주에게 자신의 닉네임을 딴 '초당이'라는 이름을 붙여주었다고 한다. 그는 현재 월 50만 원 정도의 배당금을 받고 있다. 얼마 전 김치 냉장고와 TV가 갑자기 고장이 났는데 너무 오래돼서 고치지 못하고 살 수밖에 없다고 했다. 갑작스럽게 목돈이 나가게 되어 당황스러웠지만 '우리 초당이가 벌어온 돈'으로 사겠다고 했다. 배당금이 많든 적든 간에 이렇게 매월 고정적으로 들어오는 현금이 있다는 게 얼마나 든든한지 모른다.

배당주 투자를 위해 내가 공부했던 것들은 모두 이야기했다. 어려운 회계 용어나 주식 용어를 모두 알아야 할 필요도 없고 재무제표를 능숙하게 이해할 필요도 없다. 꼭 봐야 하는 내용만 꾹꾹 눌러 담아 최대한 쉽게 배당주 투자를 시작하길 바라는 마음으로 적어 내려갔다. 부디 이 책을 읽고 있는 독자분들도 배당주가 주는 재미, 노후에 대한 안정감을 느껴보시길 바란다. 내 삶이 한층 더 여유롭고 행복해졌듯 여러분의 삶도 그렇게 되었으면 좋겠다.